Silvia Regelein

Richtig Geometrie lernen – so klappt's!

Arbeitsblätter für ein gezieltes Geometrietraining mit Selbstkontrolle

1./2. Klasse

Kopiervorlagen mit Lösungen

BRIGG Pädagogik

Gedruckt auf umweltbewusst gefertigtem, chlorfrei gebleichtem
und alterungsbeständigem Papier.

1. Auflage 2013
Nach den seit 2006 amtlich gültigen Regelungen der Rechtschreibung
© by Brigg Pädagogik Verlag GmbH, Augsburg
Alle Rechte vorbehalten.
Das Werk und seine Teile sind urheberrechtlich geschützt. Jede Nutzung in anderen als den gesetzlich zugelassenen Fällen bedarf der vorherigen schriftlichen Einwilligung des Verlages. Hinweis zu § 52 a UrhG: Weder das Werk noch seine Teile dürfen ohne eine solche Einwilligung eingescannt und in ein Netzwerk eingestellt werden. Dies gilt auch für Intranets von Schulen und sonstigen Bildungseinrichtungen.
Illustrationen: Bettina Weyland

ISBN 978-3-8481-1023-0   www.brigg-paedagogik.de

Inhalt

Einführung 4

Geometrie 1. Klasse

Raumorientierung: Oben und unten 7
Raumorientierung: Vorn, hinten, in der Mitte 8
Raumorientierung: Links und rechts 9
Was ist gleich? 10
Dreiecke 11
Vierecke 12
Drei-, Vier-, Fünf- und Sechsecke 13
Mit Würfeln bauen – Zahlen bis 5 14
Mit Würfeln bauen – Zahlen bis 7 16
Quadrate, Dreiecke und Kreise 17
Rechte Ecken 18
Vierecke, Rechtecke und Quadrate 19
Rechtecke und Quadrate falten 20
Spiel mit einer Büroklammer – Kreis 21
Raumorientierung: Oben rechts oder unten links? . 22
Wege gehen 23
Spiegelbilder (1) 24
Mit dem Spiegel forschen 25
Sterne 26

Zusammenfassung – Test

Ich bin fit für die 2. Klasse 27

Geometrie 2. Klasse

Ebene Figuren erkennen und zeichnen

Flächenformen erkennen 28
Rechtecke, Quadrate, Dreiecke und Kreise 29
Kreise untersuchen und zeichnen 30
Quadrate und Rechtecke zeichnen 31
Ein Quadrat falten 32

Formen zerschneiden 34
Strecken messen und zeichnen 35
Die Seiten von Formen messen und zeichnen 36
Ein Dreieck mit drei gleich langen Seiten falten 37
Den Umfang bestimmen 38
Figuren vergrößern und verkleinern 39
Quadrate zusammensetzen 40
Deckungsgleiche Vierlinge 41
Aus einem Vierling werden Fünflinge 42
Wie viele Fünflinge gibt es? (Stochastik) 43
Aus einem Fünfling eine Schachtel falten 44

Körper

Körperformen erkennen – Flächen von Würfel und Quader 45
Körperformen untersuchen 46
Kantenmodell von Würfel und Quader 47
Ein Spielwürfel und seine Ansichten 48
Ein Würfel und seine Ansichten 50
Körper und ihre Ansichten 51
Quader aus Würfeln 52
Würfelhäuser und ihre Ansichten 53
Würfelhäuser und ihre Baupläne 54

Symmetrie

Spiegelbilder (2) 55
Faltfiguren 56
Mit dem Spiegel forschen 57

Raumorientierung

Wege in der Schule 58
Wege zur Burg 59

Zusammenfassung – Test

Ich bin fit für die 3. Klasse 60

Einführung

Liebe Kollegin, lieber Kollege,

sind Sie auch auf der Suche nach lehrplangerechten und neuen Kopiervorlagen, die Sie schnell und problemlos einsetzen können? Hier werden Sie fündig. Die Kopiervorlagen in diesem Band resultieren aus meiner langjährigen Unterrichtspraxis und wollen zu Ihrer Arbeitsentlastung beitragen. Das Material umfasst gemäß den Bildungsstandards (vgl. Kultuskonferenz: Bildungsstandards im Fach Mathematik für den Primarbereich, München 2005) alle wesentlichen Lerninhalte des 1. und 2. Schuljahrs aus den Bereichen Raum und Form sowie Muster und Strukturen.

Die Bereiche Zahlen und Operationen – Größen und Messen – Daten, Häufigkeit, Wahrscheinlichkeit (Stochastik) sowie Aufgaben mit Bezug zur Jahreszeit finden Sie in den Bänden Silvia Regelein, Richtig rechnen lernen – so klappt's! für die 1. und 2. Klasse (Best. Nr. 891 und 892).
Aber Sie finden auch in diesen beiden Bänden geometrische Aspekte wie „Muster und Strukturen" im Zusammenhang mit Zahlen durchgängig berücksichtigt, um bewegliches und vernetztes Denken zu fördern.

Neu an den Kopiervorlagen: Alles auf einer Seite!

• Lösungsstreifen zur Selbstkontrolle

Jede Seite hat am Rand einen senkrechten Streifen mit übersichtlichen und schnell auffindbaren Lösungen aller Aufgaben. Vor Beginn der Arbeit knicken die Kinder den Lösungsstreifen um. Zum Überprüfen und Reflektieren der bearbeiteten Aufgaben klappen sie ihn wieder auf. So führt das Material bereits die Kinder ab der 1. Klasse behutsam zur Selbstkontrolle, damit sie nach eigenem Tempo weitgehend selbstständig lernen und ihren Erfolg sofort überprüfen können.

Rechts oben im Lösungsstreifen ist auf vielen Seiten für die 1. Klasse ein Bild zur Auflockerung. Nach Abschluss der Seite kann das Kind das Bild ausmalen. Auf den Seiten für die 2. Klasse finden die Kinder knifflige Fragen zum Thema.

• Aufgaben zur Differenzierung für leistungsfähige Kinder

Auf den meisten Seiten finden sich leicht einsetzbare Zusatzaufgaben mit Stern ☆, die direkt an die vorherigen Aufgaben anschließen und kaum weitere Erklärungen erfordern. Natürlich können alle Kinder versuchen, diese Sternaufgaben mit leicht erhöhten Anforderungen zusätzlich zum „Pflichtpensum" mit dem Basiswissen zu lösen.

Auf den Anfang kommt es an!

Die höchst unterschiedlichen Lernvoraussetzungen der Kinder am Schulanfang stellen für Sie eine große Herausforderung dar. Mithilfe der Kopiervorlagen können Sie diese schwierige Anfangssituation besser strukturieren und erfolgreich meistern.

• Vorkenntnisse feststellen und mathematische Basiseinsichten trainieren

„Ihre" Kinder können nur dann erfolgreich lernen, wenn Sie an die unterschiedlichen Vorkenntnisse anknüpfen. Deshalb werden zu Beginn elementare Basiseinsichten ermittelt, die ggf. zu vertiefen sind. Wichtige Grundlagen sind u. a.:

Das Verstehen von Relationen
- Das Kind muss die Begriffe für Raum-Lage-Beziehungen richtig anwenden können (vgl. S. 7ff.).
- Das Kind muss Größenrelationen (kleiner, größer als) erkennen und Gegenstände nach der Größe ordnen können (vgl. Silvia Regelein, Richtig rechnen lernen – so klappt's! 1. Klasse, Best. Nr. 891)

Das Klassifizieren
- Das Sortieren und Zusammenfassen von Gegenständen nach einem vorgegebenen Merkmal ist die Voraussetzung, dass das Kind eine Menge mit einem Oberbegriff wie „Dreiecke" oder „Vierecke" benennen kann.

• Einüben von Arbeitstechniken und Arbeitsformen

Zusätzlich zu den fachlichen Grundlagen und sozialen Verhaltensformen muss das Kind am Anfang eine Fülle fachübergreifender Arbeitstechniken erlernen, z. B.:
- Es muss lernen, sich auf einem Arbeitsblatt zu orientieren und oben links mit dem Bearbeiten zu beginnen. Eine übersichtliche Gestaltung des Arbeitsblatts ohne verwirrende Illustrationen unterstützt das Erlernen der Raumeinteilung.
- Die wenigsten Kinder können die Arbeitsaufträge am Anfang lesen. Deshalb zeigt bei jeder Aufgabe ein Beispiel, was zu tun ist. Auch Farben und Lagebegriffe werden anfangs bildhaft veranschaulicht.

Überblick über die verwendeten Piktogramme:

Sonne		gelb	oben
Luftballon		lila	links
Schweinchen		rosa	vor
Kleeblatt		grün	unten
Rose		rot	rechts
Hose		blau	hinter

Sie können die Piktogramme farbig markieren, die Übersicht kopieren und an die Klassenpinnwand heften. Oder Sie kopieren sie für Ihre Schülerinnen und Schüler und lassen sie ins Merkheft einkleben.

Da es gerade zu Beginn besonders wichtig ist, eine Aufgabe kindgemäß und präzise zu erklären, finden sich in der Anfangsphase im Lösungsstreifen Arbeitsanweisungen für Lehrkräfte und Eltern.

Hinweise zum Einsatz der Kopiervorlagen

Die Kopiervorlagen geben Ihnen zum einen für Ihren Unterricht und die Gestaltung Ihrer Klassenarbeiten wertvolle Impulse. Zum anderen ermöglichen wiederkehrende und selbsterklärende Aufgabenformate ein zunehmend selbstständiges Lernen und einen flexiblen Einsatz des Materials zum Sichern und Üben
- im Klassenunterricht,
- in offenen Arbeitsphasen,
- als Hausaufgabe, zum „Nachlernen" bei Krankheit und für Nachhilfelehrkräfte,
- für Vertretungsstunden
- sowie für jahrgangsübergreifendes Lernen in kombinierten Klassen.

Zu Beginn sollten Sie die Kinder in das selbstständige Arbeiten einführen und das Verfahren der Selbstkontrolle nachhaltig einüben:
- Vor dem Bearbeiten zuerst den Lösungsstreifen sorgfältig umknicken.
- Nach dem Bearbeiten der ersten Aufgabe den Lösungsstreifen aufknicken und die eigene Grafik mit dem Lösungsbild, Wort für Wort oder Zahl für Zahl genau vergleichen. Richtige Ergebnisse werden abgehakt, falsche durchgestrichen.

Machen Sie den Kindern deutlich, dass die vorgegebenen Lösungen ihnen Freude über ihren Erfolg vermitteln und ihnen helfen wollen, „ihr eigener Lehrer zu sein", Fehler selbst aufzuspüren, mit anderen Kindern darüber zu sprechen und aus ihnen zu lernen.

Bevor das Kind den Lösungsstreifen aufklappt, kann es zusätzlich einschätzen, wie sicher es die Aufgabe bearbeitet hat. Dazu macht es nach jeder Aufgabe einen farbigen Punkt, z. B. einen grünen Punkt für „Das fiel mir leicht. Das konnte ich gut.", einen roten Punkt für „Das fiel mir nicht leicht. Das muss ich noch üben." und einen gelben Punkt für „Das war zwar schwierig, aber ich schaffte es."

Liebe Kollegin, lieber Kollege, ich wünsche Ihnen viel Freude und Erfolg bei der Arbeit mit diesen Kopiervorlagen.

Silvia Regelein

Name: _____ Datum: _____

Raumorientierung: Oben und unten

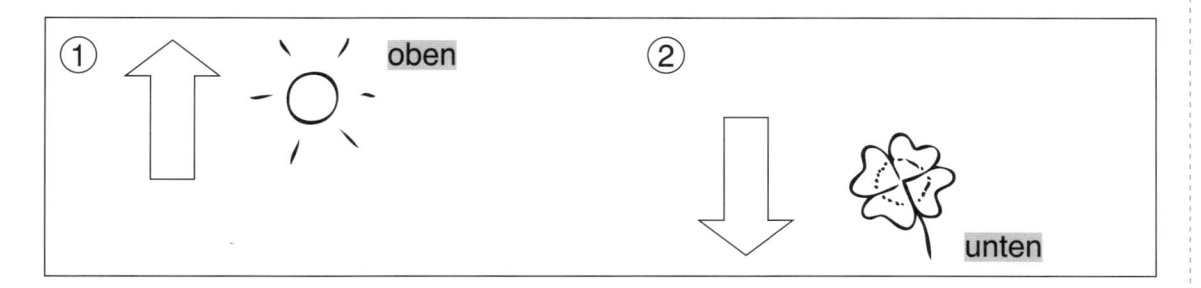

① ⬆ ☼   oben   ② ⬇ 🍀 unten

③ ● Welche Tiere siehst du oben? Male zu jedem Tier, das oben ist, einen gelben ● Punkt.

Wie viele Tiere sind oben?   Wie viele Tiere sind unten?
| |

Knicke zuerst den Streifen um.

Aufgabe 1
Die Sonne ist oben. Der Pfeil bei der Sonne zeigt nach oben. Male die Sonne und den Pfeil gelb an. Fahre den Rand oben gelb nach.

Aufgabe 2
Das Kleeblatt ist unten. Der Pfeil beim Kleeblatt zeigt nach unten. Male das Kleeblatt und den Pfeil grün an. Fahre die Linie unter dem Kleeblatt grün nach.

Aufgabe 3
Sätze sprechen:
Der Storch steht oben auf dem Haus. Der Hase ist unter dem Baum.
8 gelbe Punkte

☆
☼
╫╫ ⅠⅠⅠ
🍀
ⅠⅠⅠⅠ

Silvia Regelein: Richtig Geometrie lernen – so klappt's! · 1./2. Klasse · Best.-Nr. 1023 · © Brigg Pädagogik Verlag GmbH, Augsburg

Name: _____ Datum: _____

Raumorientierung: Vorn, hinten, in der Mitte

① Wer ist vorn? Male einen rosa ● Punkt.

② Wer ist **vorn** in der Reihe? **rosa** ●   Wer ist **hinten**? **blau** ●

③ Wer ist **in der Mitte**? Male **orange** an.

Knicke zuerst den Streifen um.

Aufgabe 1
Sätze sprechen:
Das Schwein steht <u>vor</u> der Ente. Es ist <u>vorn</u>.
Male einen rosa Punkt zum Schwein.

Aufgabe 2
Sätze sprechen:
Das Pferd ist <u>vorn</u>. Es ist das erste Tier.
Male einen rosa Punkt.
Der Esel ist <u>hinten</u>. Er ist das letzte Tier.
Male einen blauen Punkt (blau wie die Jeans).

Aufgabe 3
Das Schaf steht <u>in der Mitte</u>. Es ist das dritte Tier.
Male einen orangen Punkt (orange wie die Orange).

☆
Denke dir selbst Bilder aus und male auf die Rückseite.
Male die Tiere vorn rosa aus, die Tiere hinten blau. Die Tiere in der Mitte orange.

Name: _____   Datum: _____

Raumorientierung: Links und rechts

① 🎈 links ⬅   ② ➡ rechts 🌹

③ Welche Tiere siehst du links von der Straße?
● Male einen lila Punkt.

Wie viele Tiere sind links von der Straße?
|

Wo ist der Kopf links?
Male den Kopf lila an.

Wie viele Tiere sind rechts von der Straße?
|

Wo ist der Kopf rechts?
Male den Kopf rot an.

Knicke zuerst den Streifen um.

Beim Lesen und Schreiben beginnen wir immer links.

Aufgabe 1
Der Luftballon ist links. Male ihn lila an. – Der Pfeil beim Luftballon zeigt nach links. Male den Pfeil lila an. – Fahre den Rand links lila nach.

Aufgabe 2
Die Rose ist rechts. Male sie rot an. – Der Pfeil bei der Rose zeigt nach rechts. Male den Pfeil rot an. – Fahre den Rand rechts rot nach.

Aufgabe 3
Fahre die linke Seite der Straße lila nach, die rechte Seite rot. Sätze sprechen: Das Pferd ist links von/ links neben der Straße. Der Hase ...
8 lila Punkte

☆
🎈
╫╫ |||
🌹
╫╫ ╫╫ |

Kopf links:
Fuchs, Schwein, Vogel, Ente, Pferd, Hase, Eichhörnchen, Maus, Schnecke, Ameise

Kopf rechts:
Perd, Kuh, Hahn, Schaf, Hund, Frosch, Katze, Igel, Spinne

Silvia Regelein: Richtig Geometrie lernen – so klappt's! · 1./2. Klasse · Best.-Nr. 1023 · © Brigg Pädagogik Verlag GmbH, Augsburg

Name: _____ Datum: _____

Knicke zuerst den Streifen um.

Was ist gleich?

① Male die gleiche Form an.

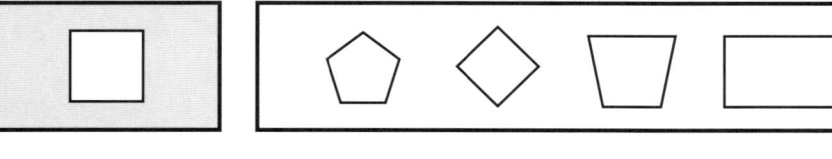

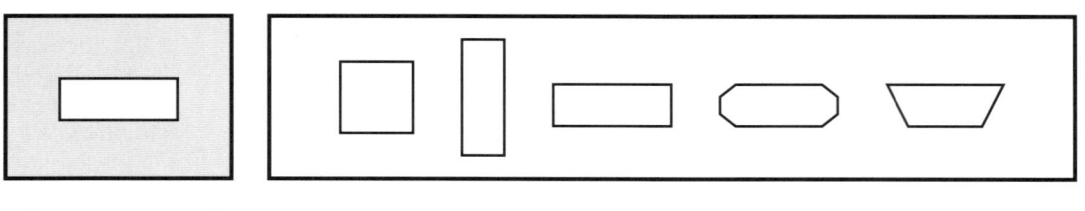

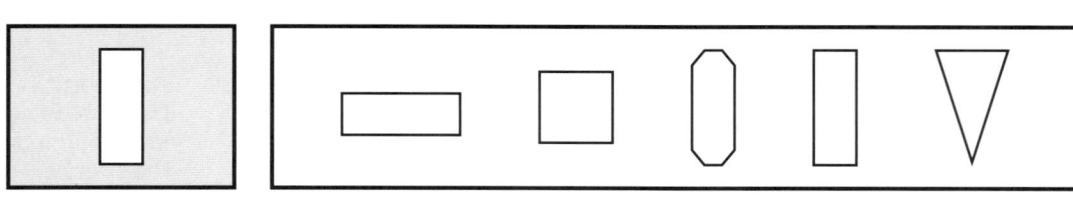

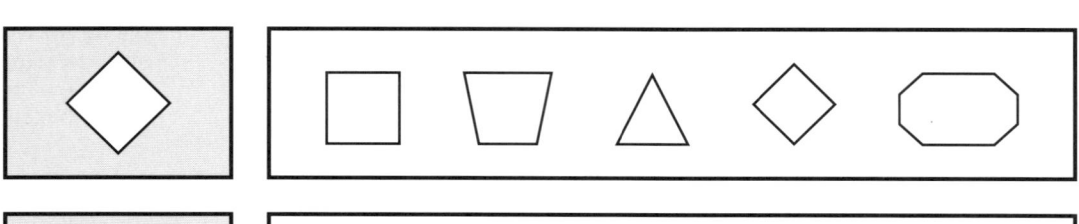

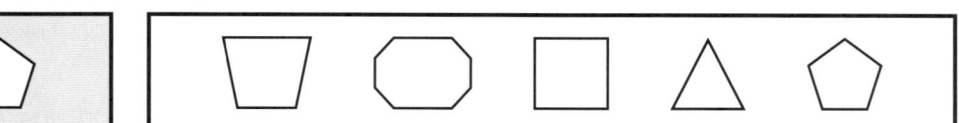

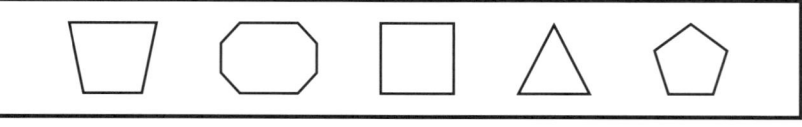

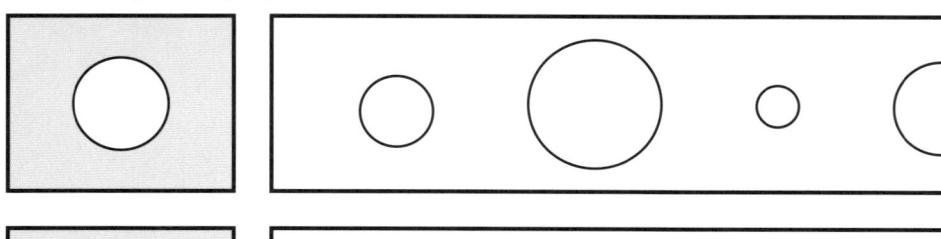

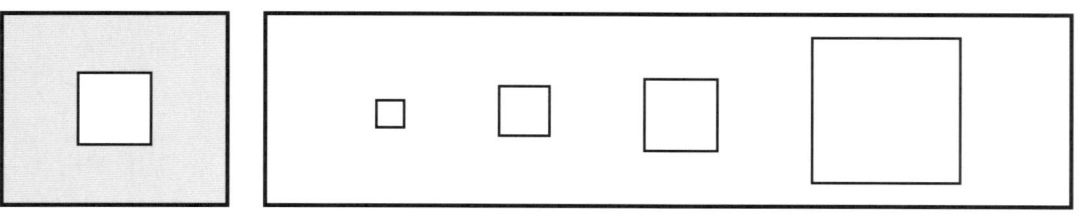

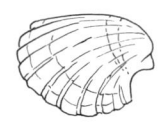

Aufgabe 1

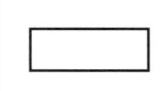

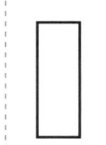

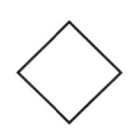

② Male die gleich große Form an.

Aufgabe 2

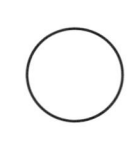

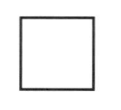

Male Formen auf die Rückseite.

10 Silvia Regelein: Richtig Geometrie lernen – so klappt's! · 1./2. Klasse · Best.-Nr. 1023 · © Brigg Pädagogik Verlag GmbH, Augsburg

Name: _____ Datum: _____

Dreiecke

① Male an jeder Ecke einen Punkt.

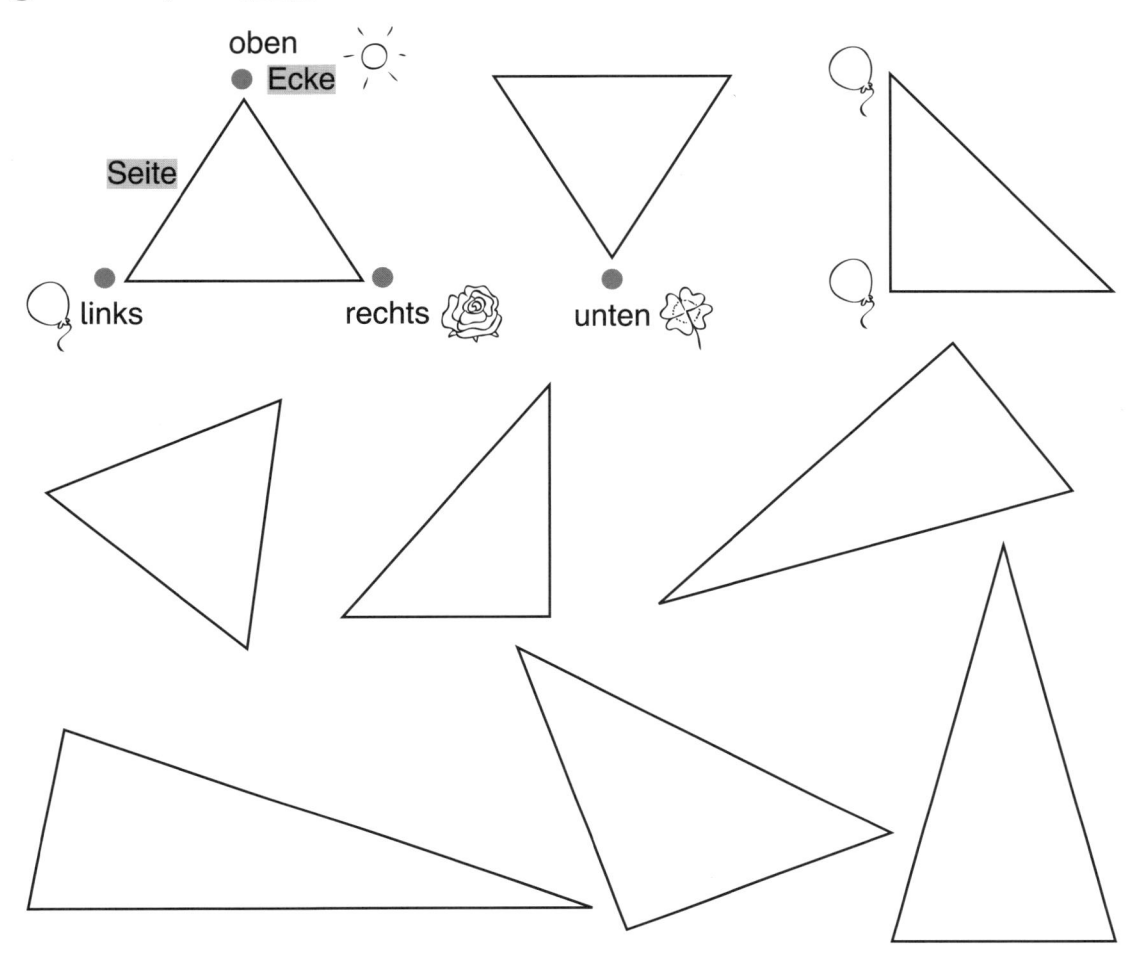

oben • Ecke
Seite
links   rechts   unten

Fahre die Seiten rot, lila, gelb oder grün nach.

Wie viele Dreiecke sind es? _____

② Fahre jedes Dreieck nach. Wie viele Dreiecke sind es?

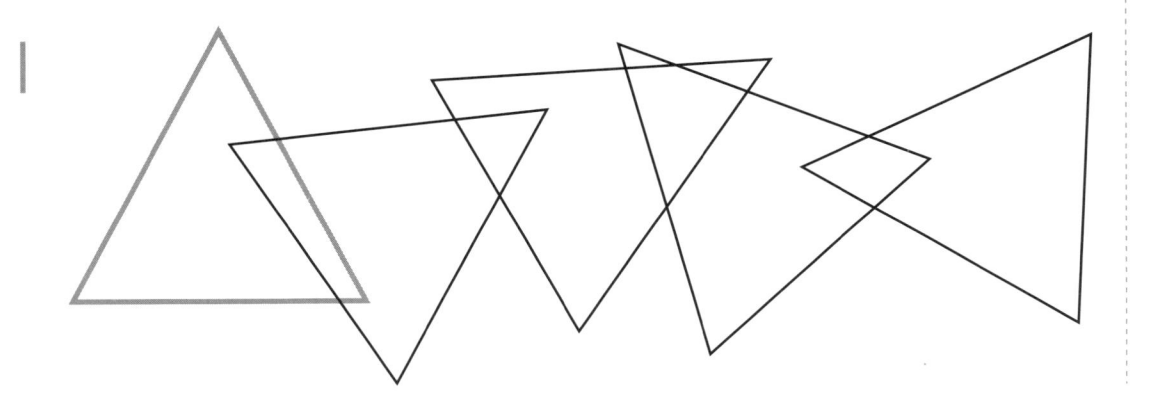

Knicke zuerst den Streifen um.

Aufgabe 1

Wenn zwei Ecken links oder rechts sind, male sie beide lila oder rot an.

Du kannst bei Aufgabe 1 noch in jedes Dreieck ein kleines Dreieck hineinzeichnen.

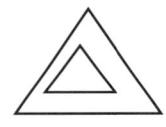

⋆
卌 |||| 9

Aufgabe 2
卌 5

Silvia Regelein: Richtig Geometrie lernen – so klappt's! · 1./2. Klasse · Best.-Nr. 1023 · © Brigg Pädagogik Verlag GmbH, Augsburg

Name: _____ Datum: _____

Vierecke

① Male an jeder **Ecke** einen Punkt.

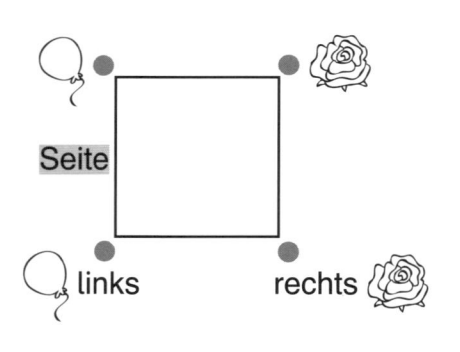

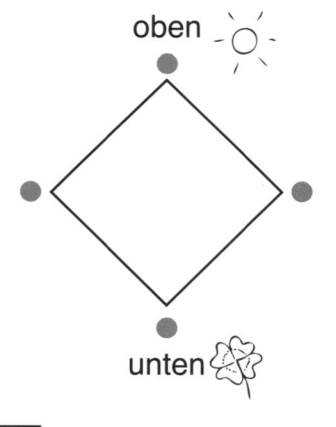

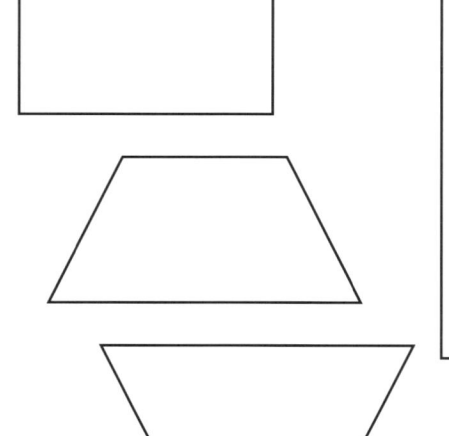

oben

Seite

links   rechts

unten

Fahre die **Seiten** rot, lila, gelb oder grün nach.

Wie viele Vierecke sind es? ....

② Fahre jedes Viereck nach. Wie viele Vierecke sind es?

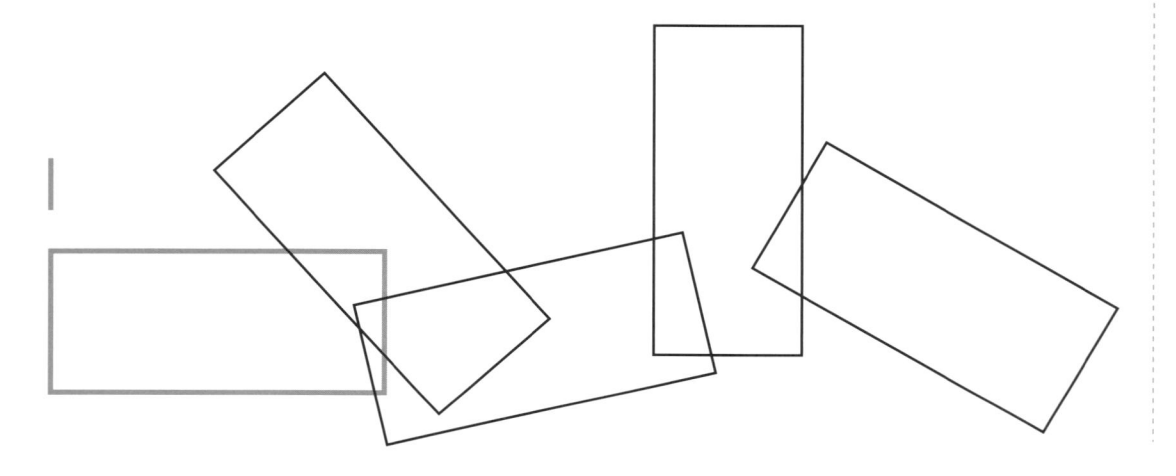

Knicke zuerst den Streifen um.

Aufgabe 1
Gib den Ecken diese Farben: oben gelb, links lila, rechts rot, unten grün.

Du kannst in jedes Viereck noch ein kleines Viereck hineinzeichnen.

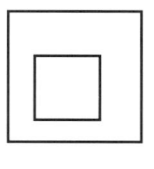

☆
IIII IIII   9

Aufgabe 2

IIII   5

Name: _____   Datum: _____

Drei-, Vier-, Fünf- und Sechsecke

① Male an.

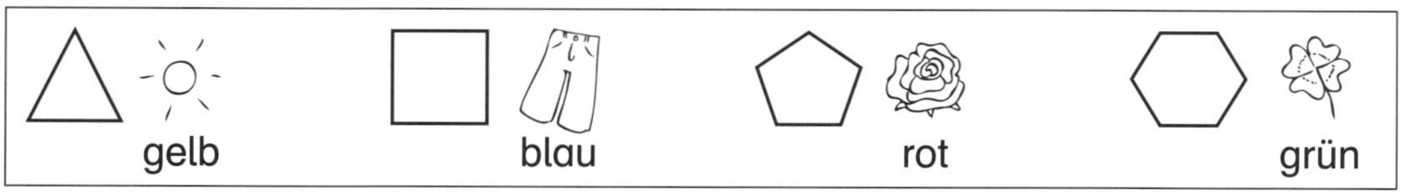

△ ☼	□ 👖	⬠ 🌹	⬡ 🍀
gelb	blau	rot	grün

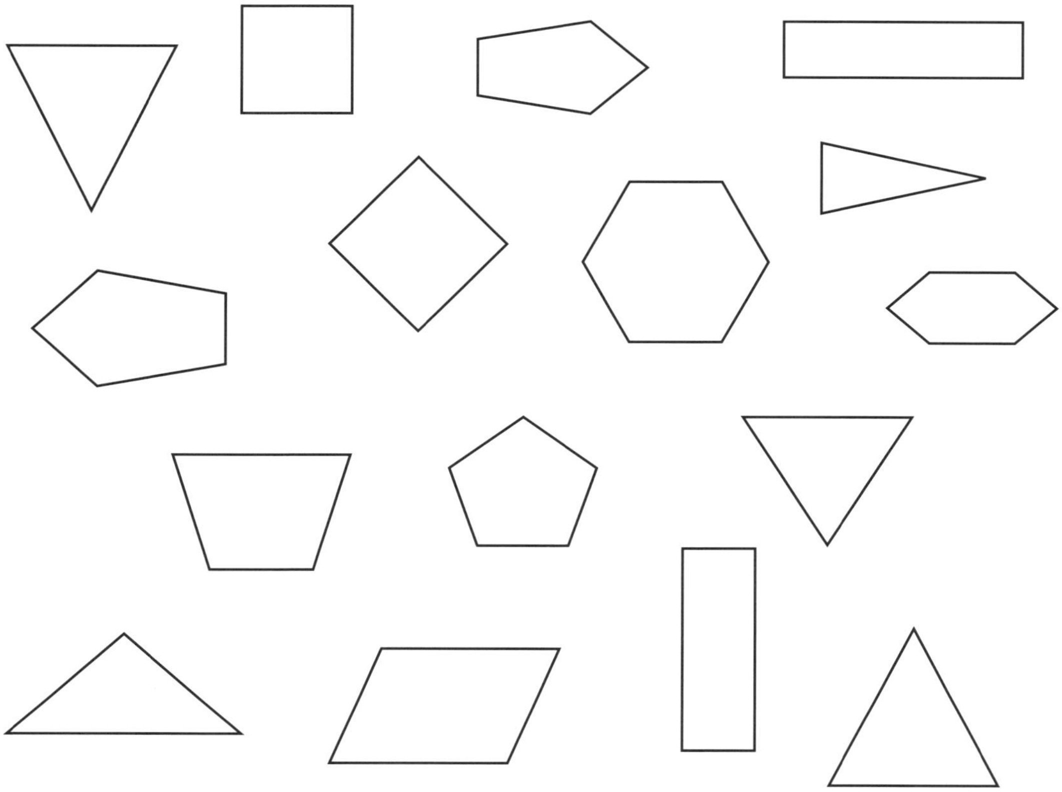

② Wie viele sind es?

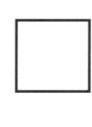

⬡ ‖   □ ....   ⬠ ....   △ ....
 2

☆ Wie viele △ □ ⬠ ⬡ sind es zusammen? |

③ Male weiter.

5	△
5	□

4	⬠
3	⬡

Knicke zuerst den Streifen um.

Aufgabe 2

2 6 3 5

☆

HHH HHH HHH I   16

Aufgabe 3

5
△△△△△

5
□□□□
□

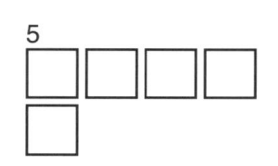

4
⬠⬠⬠⬠

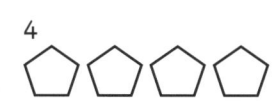

3
⬡⬡⬡

Silvia Regelein: Richtig Geometrie lernen – so klappt's! · 1./2. Klasse · Best.-Nr. 1023 · © Brigg Pädagogik Verlag GmbH, Augsburg

Name: _____ Datum: _____

Mit Würfeln bauen – Zahlen bis 5 (1)

① Wie viele Würfel sind es?

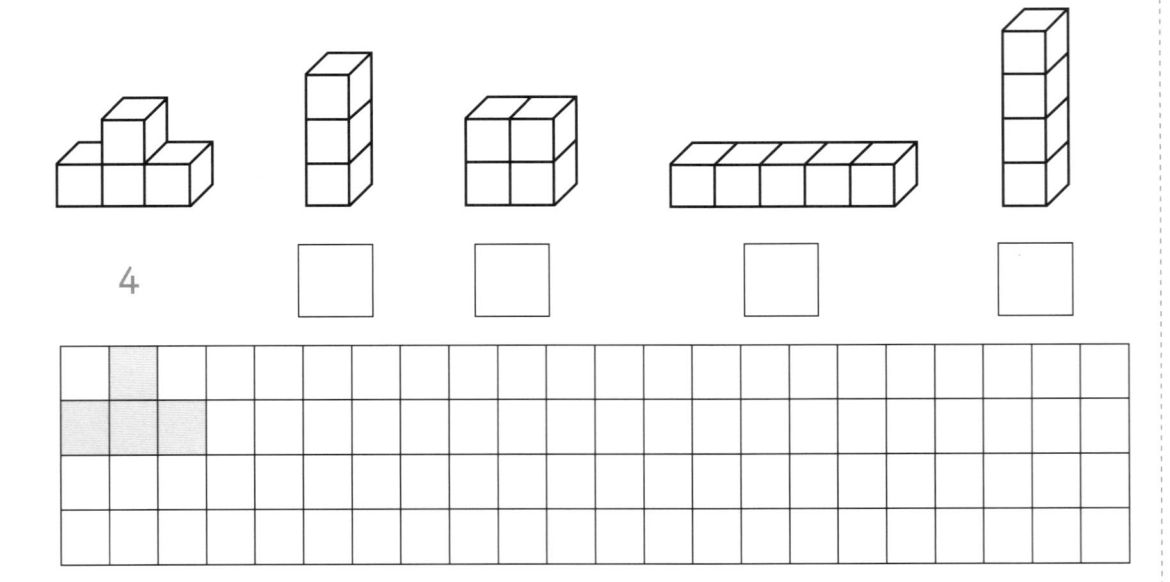

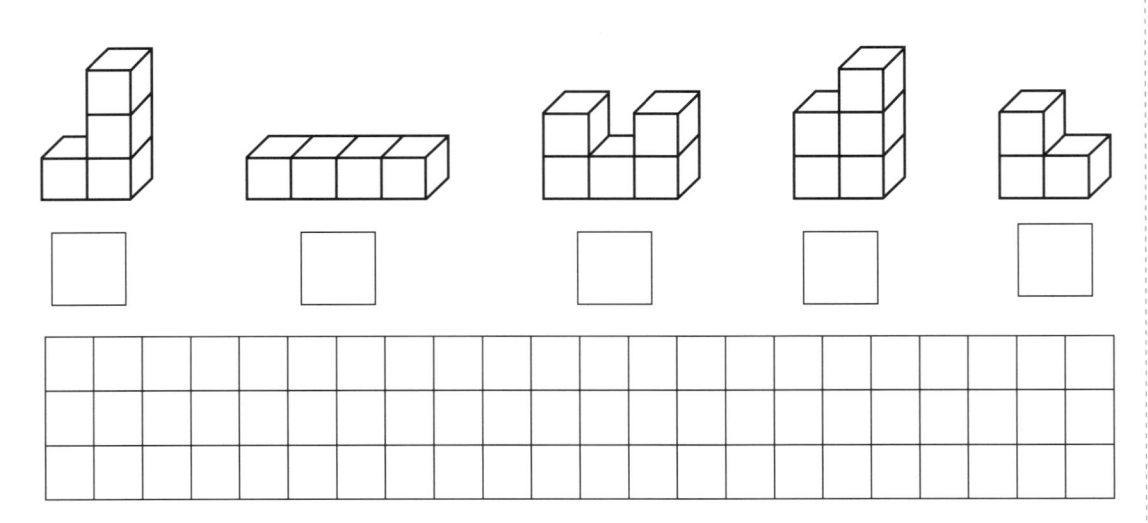

4

② Male die Würfel bei 1 an: oben gelb, unten grün

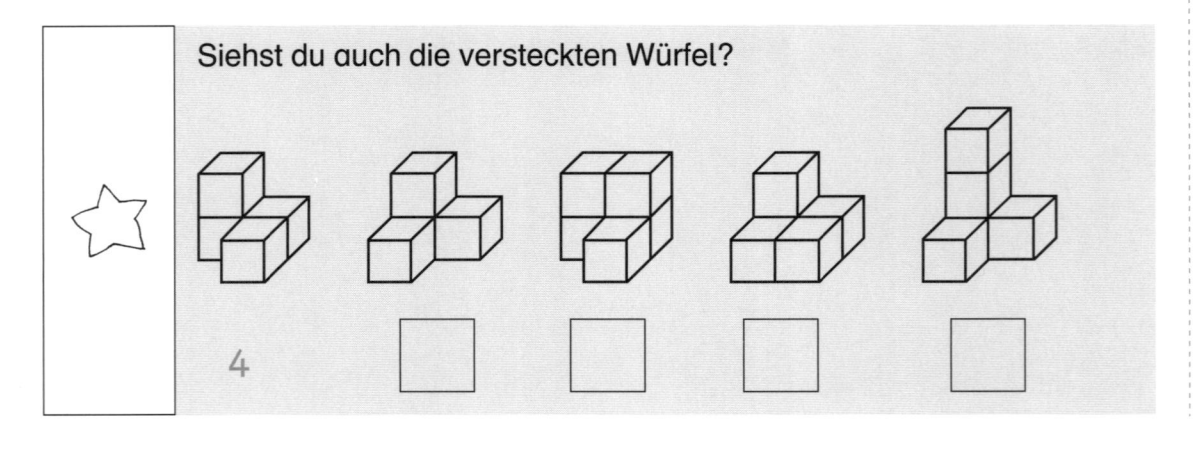

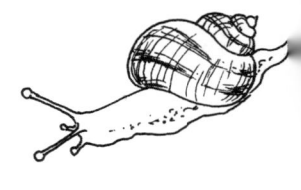

Siehst du auch die versteckten Würfel?

4

Knicke zuerst den Streifen um.

Aufgabe 1

| 3 | 4 | 5 | 4 |
| 4 | 4 | 5 | 5 | 3 |

Male die Würfelhäuser.

Aufgabe 2

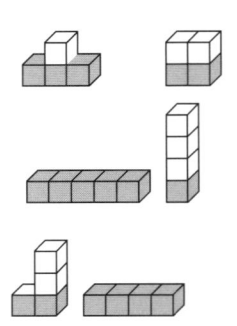

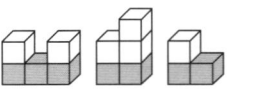

☆
| 4 | 4 | 5 | 5 |

Name: _____   Datum: _____

Mit Würfeln bauen – Zahlen bis 5 (2)

① Wie viele Würfel sind es?

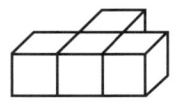

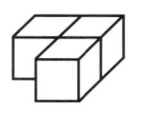

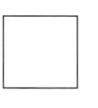

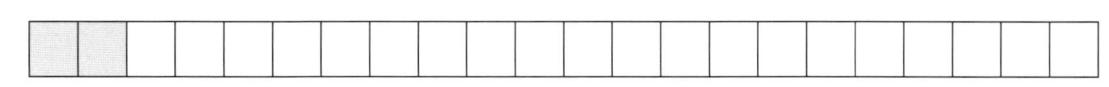

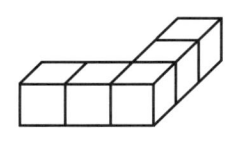

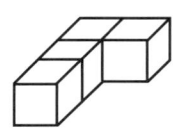

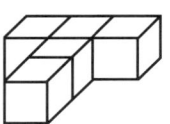

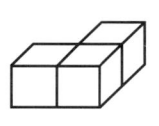

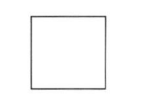

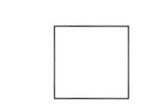

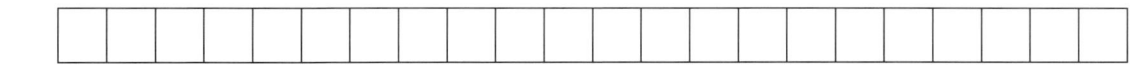

4   ☐   ☐   ☐

☐   ☐   ☐   ☐

② Male die Würfel bei 1 an:

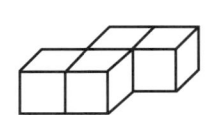

vorn rosa   hinten blau

Male die vorderen und hinteren Würfel an.

| v ✓ | 1 |
| h | 3 |

| v | |
| h | |

| v | |
| h | |

| v | |
| h | |

| v | |
| h | |

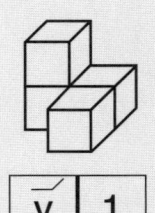

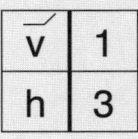

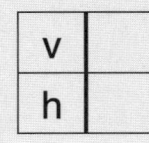

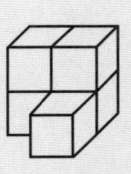

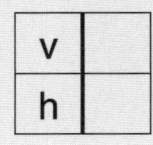

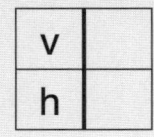

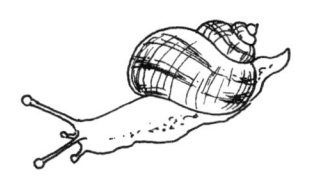

Knicke zuerst den Streifen um.

Aufgabe 1
Wie siehst du die Würfelhäuser von vorn? Male sie.

4
4
3

5
4
5
3

Aufgabe 2

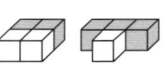

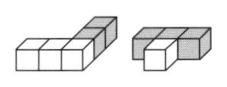

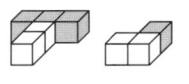

| 1 | 1 | 2 | 1 |
| 3 | 4 | 3 | 4 |

Silvia Regelein: Richtig Geometrie lernen – so klappt's! · 1./2. Klasse · Best.-Nr. 1023 · © Brigg Pädagogik Verlag GmbH, Augsburg

Name: _____ Datum: _____

Mit Würfeln bauen – Zahlen bis 7

Wie viele Würfel sind es?
Male die Würfel oben gelb ☼ an, die Würfel unten grün 🍀.

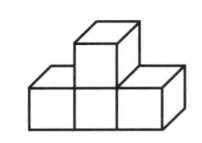

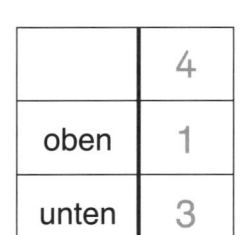

	4
oben	1
unten	3

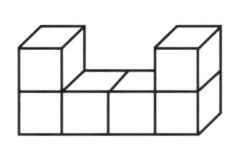

o	
u	

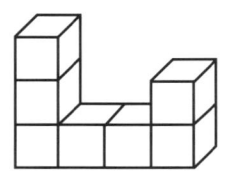

o	
u	

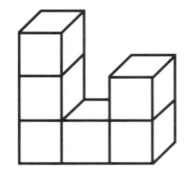

o	
u	

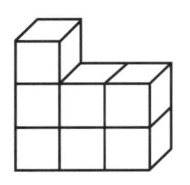

o	
u	

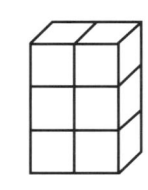

o	
u	

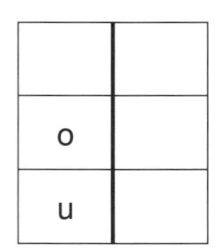

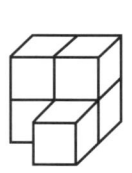

o	
u	

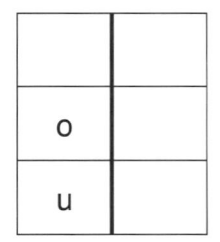

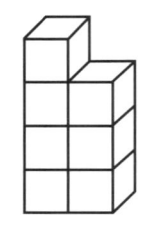

o	
u	

☆ Siehst du auch die versteckten Würfel?

4 ☐ ☐ ☐ ☐

Knicke zuerst den Streifen um.

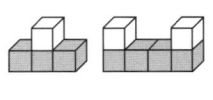

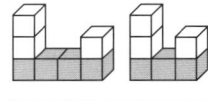

	6	7	6
o	2	3	3
u	4	4	3

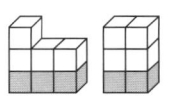

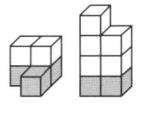

	7	6	5	7
o	4	4	2	5
u	3	2	3	2

☆

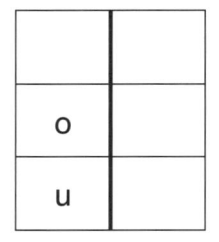

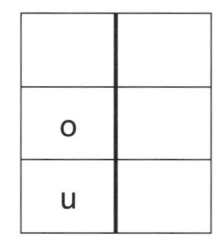

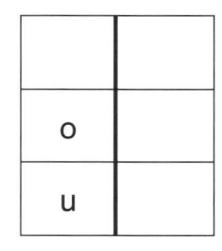

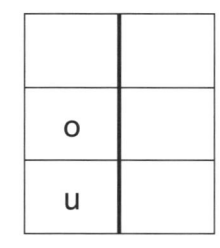

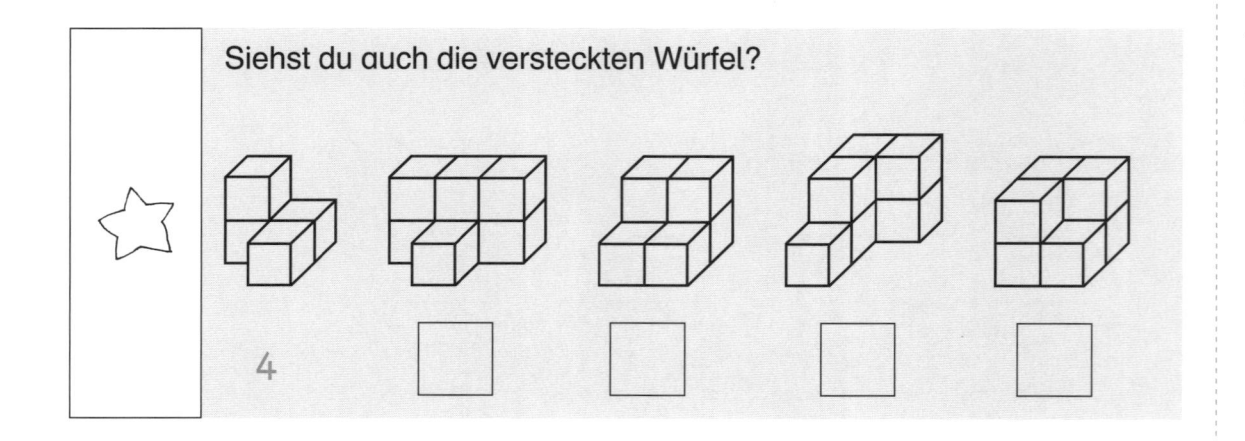

| 7 | 6 | 7 | 7 |

16 Silvia Regelein: Richtig Geometrie lernen – so klappt's! 1./2. Klasse · Best.-Nr. 1023 · © Brigg Pädagogik Verlag GmbH, Augsburg

Name: _____ Datum: _____

Quadrate, Dreiecke und Kreise

Falte das Blatt bei ------------------ nach hinten.

① Quirin Quadrat   Konni Kreis   Doro Dreieck

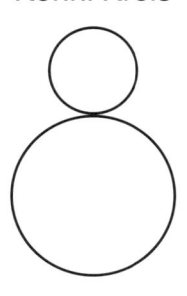

Lege die Figuren nach. Dazu brauchst du .... Plättchen.

Tausche die Köpfe aus und lege noch mehr Figuren.

Wie viele verschiedene Figuren kannst du legen? ....

Wie viele Plättchen brauchst du dazu?
....

	□	○	△
groß			
klein			

② Male den Figuren passende Köpfe.

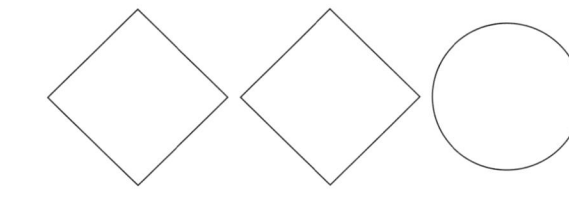

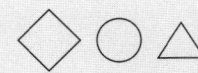

| Quirin Kreis | Quirin Dreieck | Konni Quadrat | Konni Dreieck | Doro Quadrat | Doro Kreis |

Wie viele Figuren kannst du aus diesen drei Plättchen legen? ....
Male sie auf die Rückseite.

Knicke zuerst den Streifen um.

Aufgabe 1
6 Plättchen
9

	□	○	△
g	3	3	3
k	3	3	3
	6	6	6

18

Aufgabe 2

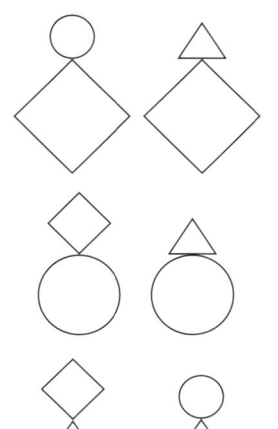

☆
6 Figuren

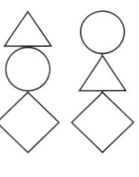

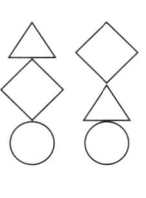

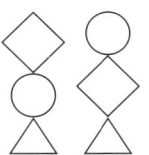

Silvia Regelein: Richtig Geometrie lernen – so klappt's! · 1./2. Klasse · Best.-Nr. 1023 · © Brigg Pädagogik Verlag GmbH, Augsburg

Name: _____   Datum: _____

Rechte Ecken

① Male in die rechte Ecke einen roten ● Punkt.

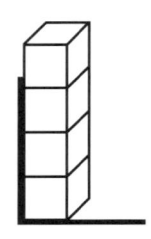

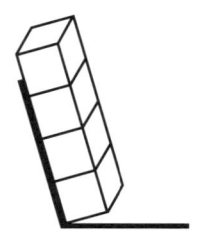

rechte Ecke   keine rechte Ecke   keine rechte Ecke

Falte ein Stück Papier zweimal. Das Falteck hat eine rechte Ecke.

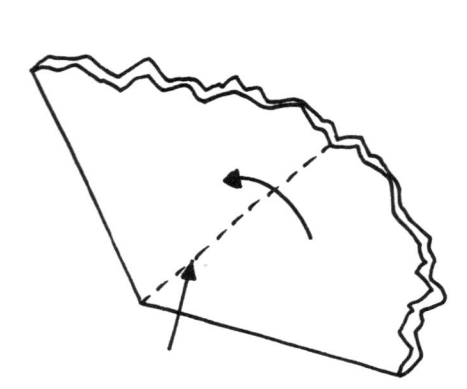

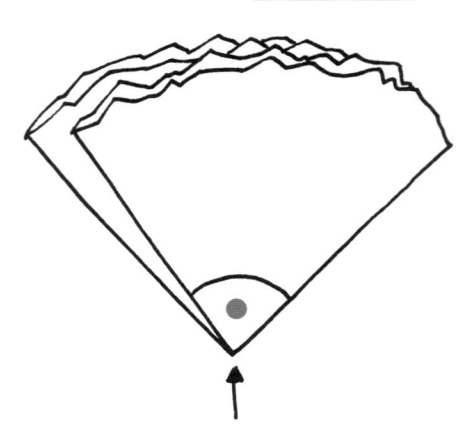

② Prüfe mit deinem Falteck und male in jede rechte Ecke einen roten ● Punkt.

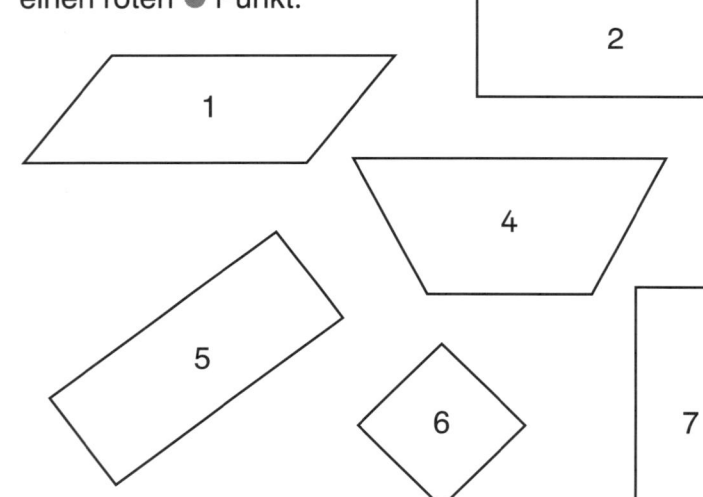

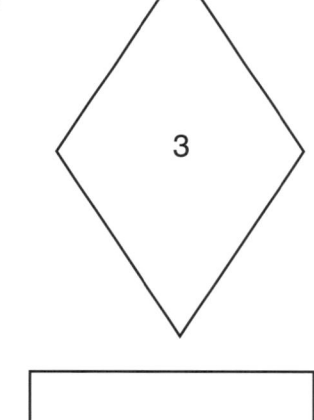

③ Trage ein.

	4 rechte Ecken	keine rechten Ecken
Viereck	2,	

Die Vierecke mit 4 rechten Ecken sind Rechtecke.

Knicke zuerst den Streifen um.

Aufgabe 2

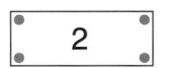

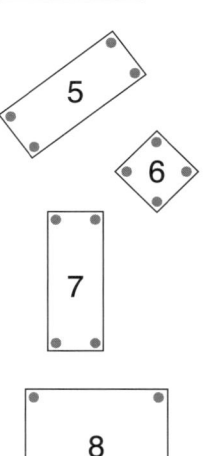

2
5
6
7
8

Aufgabe 3

4 rechte Ecken	keine rechten Ecken
2, 5, 6, 7, 8	1, 3, 4

Name: _____ Datum: _____

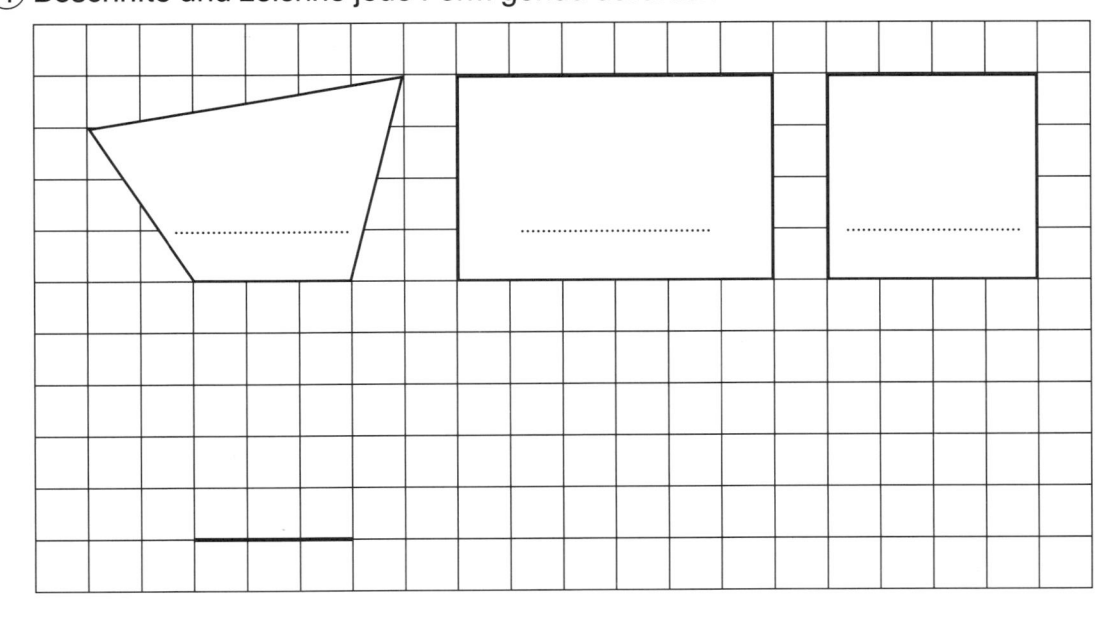

Knicke zuerst den Streifen um.

Vierecke, Rechtecke und Quadrate

Viereck   Rechteck 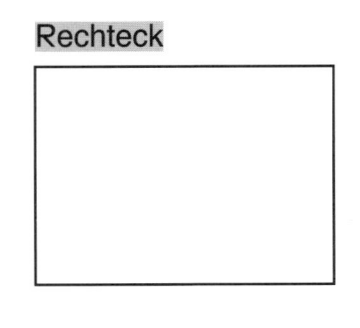   Quadrat

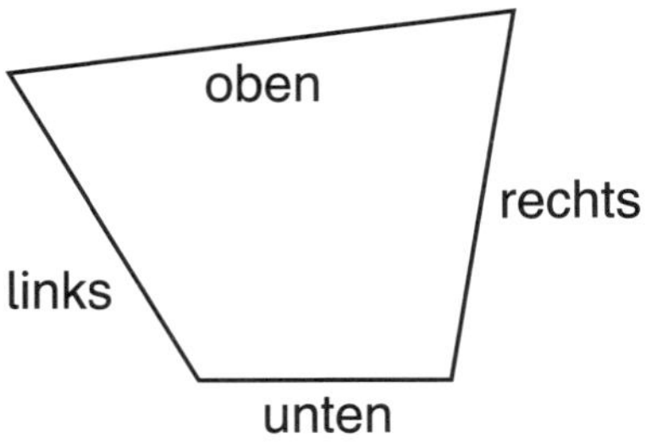

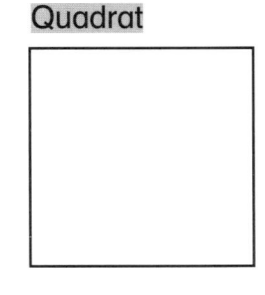

oben
rechts
links
unten

Aufgabe 1

① Prüfe mit dem Falteck und male in jede rechte Ecke einen roten ● Punkt.

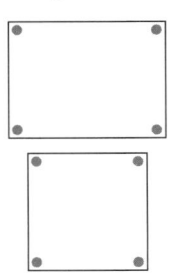

Aufgabe 2
keine
4 rechte Ecken
4 rechte Ecken

② Setze ein.

Das Viereck   hat .... rechte Ecken.

Das Rechteck   hat ....

Das Quadrat   hat ....

③ Male an:

Seite oben ☼ gelb   Seite unten ❀ grün

Seite links 🎈 lila   Seite rechts 🌹 rot

④ Beschrifte und zeichne jede Form genau darunter.

....

Name: _____ Datum: _____

Rechtecke und Quadrate falten

① Falte ein Blockblatt. Male gleich lange Seiten blau und rosa an.

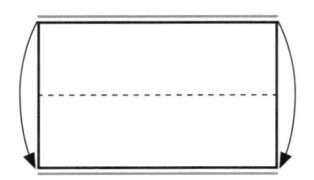

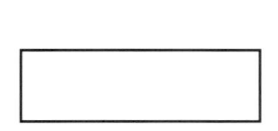

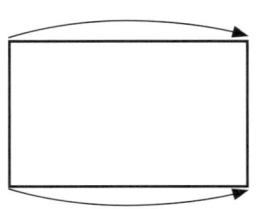

Setze richtig ein.

Beim .... sind die zwei .... Seiten

gleich lang. Die zwei .... Seiten sind auch gleich lang.

② So wird aus einem Rechteck ein Quadrat:

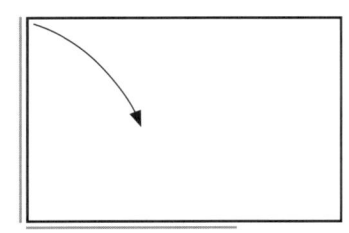

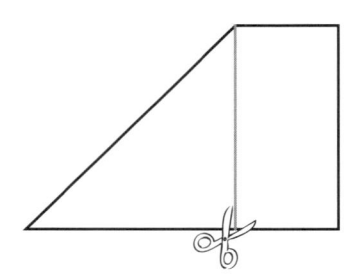

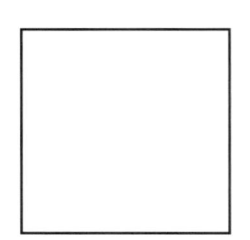

③ Falte. Male gleich lange Seiten blau an.

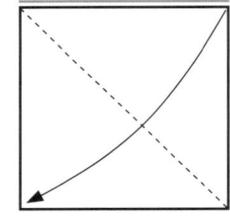

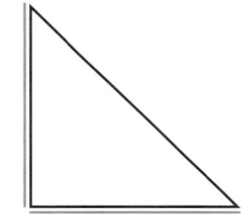

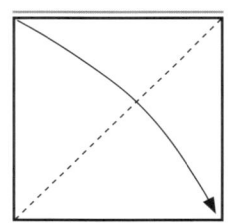

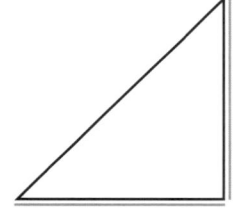

Falte Ecke auf Ecke.   Falte Ecke auf Ecke.

Setze richtig ein.

Die obere Seite ist genauso   Die obere Seite ist genauso

lang wie die .... Seite.   lang wie die .... Seite.

Ein Quadrat ist ein Rechteck mit .... Seiten.

Knicke zuerst den Streifen um.

Beim Falten die Faltlinie mit dem stumpfen Ende eines Stiftes kniffen.

Aufgabe 1
Rechteck
langen
kurzen

Aufgabe 3
linke
rechte
4 gleich langen

Name: _____   Datum: _____

Spiel mit einer Büroklammer – Kreis

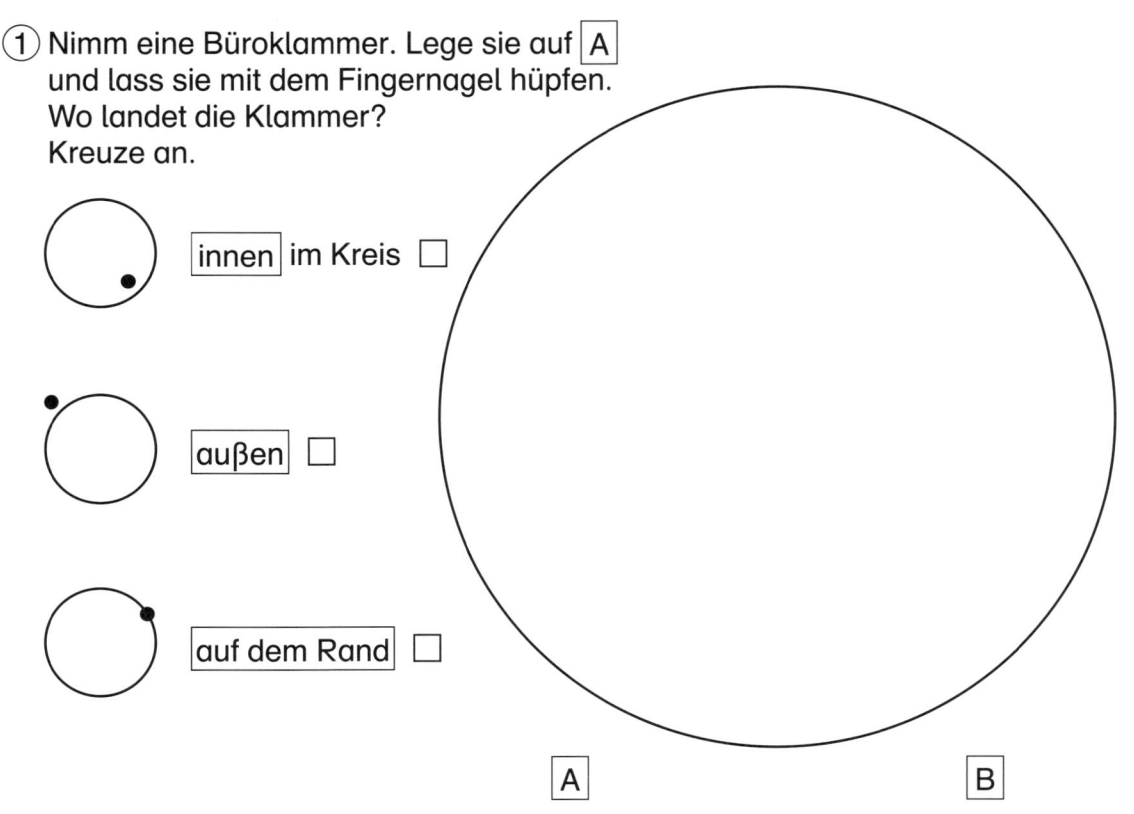

① Nimm eine Büroklammer. Lege sie auf A
und lass sie mit dem Fingernagel hüpfen.
Wo landet die Klammer?
Kreuze an.

innen im Kreis ☐

außen ☐

auf dem Rand ☐

A   B

② Lege die Klammer auf B. Überlege vor dem Hüpfen und kreuze an.

☐ Es ist sicher: Die Klammer landet innen.
☐ Es ist möglich: Die Klammer landet innen.
☐ Es ist unmöglich: Die Klammer landet innen.

③ Lass nun die Klammer 20-mal von B aus hüpfen. Wo landet sie? Mach eine Strichliste. Male die größte Zahl gelb an.

	innen	außen	auf dem Rand
Anzahl			

Die Klammer soll innen landen. Bei welchem Kreis ist die Chance größer? Bei einem
☐ kleinen Kreis   ☐ großen Kreis

Je .... der Kreis ist, umso größer ist die Chance.

Knicke zuerst den Streifen um.

Aufgabe 2
☒ Es ist möglich.

☒ großen Kreis größer

Name: _____ Datum: _____

Raumorientierung: Oben rechts oder unten links?

① Wo ist die Spitze? Lege deinen Stift ebenso.
Schreibe farbig: oben, unten, rechts oder links
                 gelb grün   rot   lila

Die Spitze ist

....

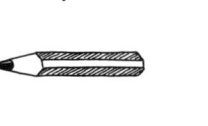

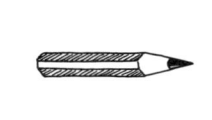

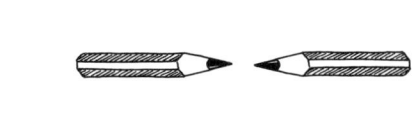

② Wo ist die Spitze? Lege deinen Stift ebenso. Schreibe farbig dazu.
Die Spitze ist

oben rechts   ....

③ Welcher Ball ist wie der erste Ball? Kreuze an.

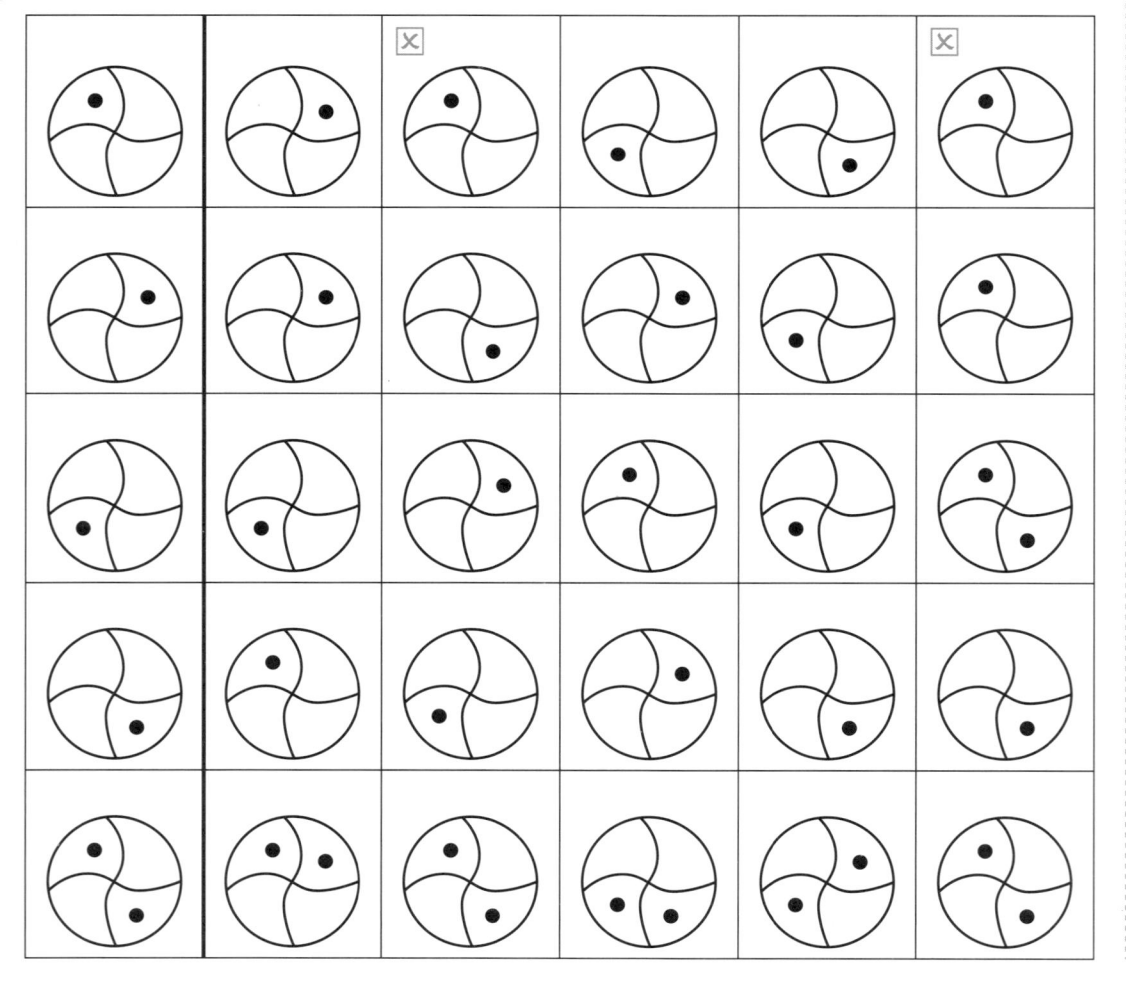

Knicke zuerst den Streifen um.

Aufgabe 1
links
unten
rechts
oben
rechts
links

Aufgabe 2
unten links
unten rechts
oben links

Aufgabe 3

22 Silvia Regelein: Richtig Geometrie lernen – so klappt's! 1./2. Klasse · Best.-Nr. 1023 · © Brigg Pädagogik Verlag GmbH, Augsburg

Name: _____ Datum: _____

Wege gehen

Lege ein Plättchen auf den Start und schiebe es weiter.
Wenn du richtig ziehst, kommst du genau ins Ziel.

1 Start 2 □ →	2 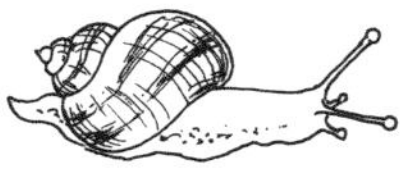	3 3 □ ↓	4 
5 	6 2 □ ↓	7 	8 2 □ ←
9 2 □ →	10 	11 2 □ ↓	12 
13 1 □ ↑	14 1 □ ←	15 1 □ →	16 2 □ ↑
17 3 □ →	18 	19 2 □ ←	20 Ziel

☆ Zeichne den Weg ein und schreibe die Zahlen auf.

| 1 | 3 | | | | | | | | | | |

Knicke zuerst den Streifen um.

❗ Du kannst auch einen Radiergummi oder eine Münze nehmen.

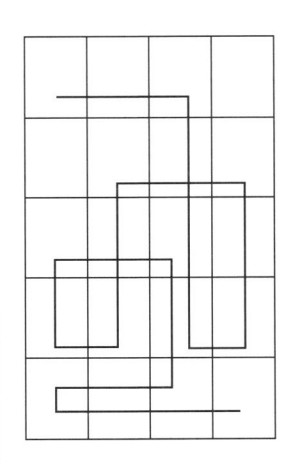

☆

1	3	15
16	8	6
14	13	9
11	19	17
20		

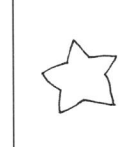

Silvia Regelein: Richtig Geometrie lernen – so klappt's! · 1./2. Klasse · Best.-Nr. 1023 · © Brigg Pädagogik Verlag GmbH, Augsburg

Name: _____   Datum: _____

Spiegelbilder (1)

① Falte ein Blatt Papier zur Hälfte und klappe es wieder auf.
Male mit Wasserfarben einen Klecks an die Mittellinie.
Falte das Papier wieder zur Hälfte.
Was siehst du, wenn du es wieder aufklappst?

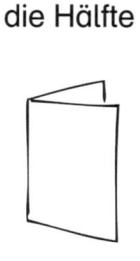

die Hälfte   Mittellinie

Knicke zuerst den Streifen um.

Aufgabe 2
1 und 4
2 und 6
3 und 5

② Welche Klecksbilder gehören zusammen?
Rahme sie mit gleicher Farbe ein.

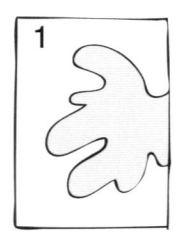

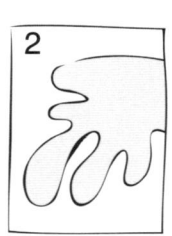

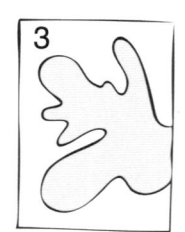

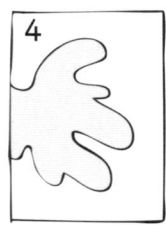

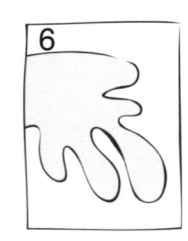

1 2 3 4 5 6

Aufgabe 3

Aus diesem Dreieck wird ein

☒ Quadrat.

Aus einem halben Kreis wird ein

☒ ganzer Kreis.

Aus einem Quadrat wird ein

☒ Rechteck.

③ Lege hier ―――― einen Spiegel an. Was siehst du?
☒ Kreuze an. Male das Spiegelbild dazu.

Aus diesem Dreieck	Aus einem halben Kreis	Aus einem Quadrat
wird ein	wird ein	wird ein
☐ Dreieck.	☐ großer Kreis.	☐ Dreieck.
☐ Kreis.	☐ ganzer Kreis.	☐ Sechseck.
☐ Quadrat.	☐ kleiner Kreis.	☐ Rechteck.

Name: _____ Datum: _____

Mit dem Spiegel forschen

① ____ Lege hier einen Spiegel an den Würfel.
Was siehst du im Spiegel? Male.

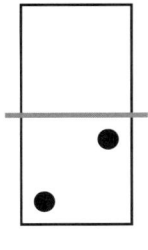

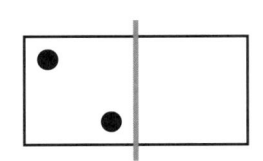

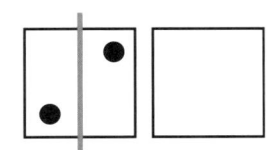

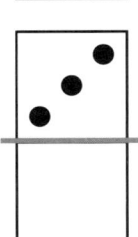

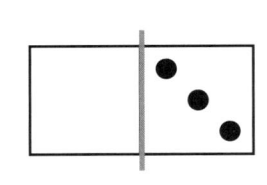

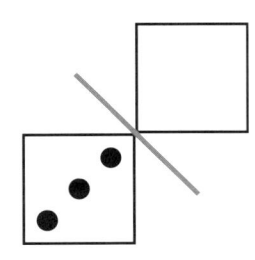

② Wo ist die Spitze? Lege deinen Stift wie bei A.
____ Lege hier einen Spiegel an den Stift.
Was siehst du im Spiegel? Male den Stift darüber ins Feld und schreibe.
Im Spiegel ist die Spitze

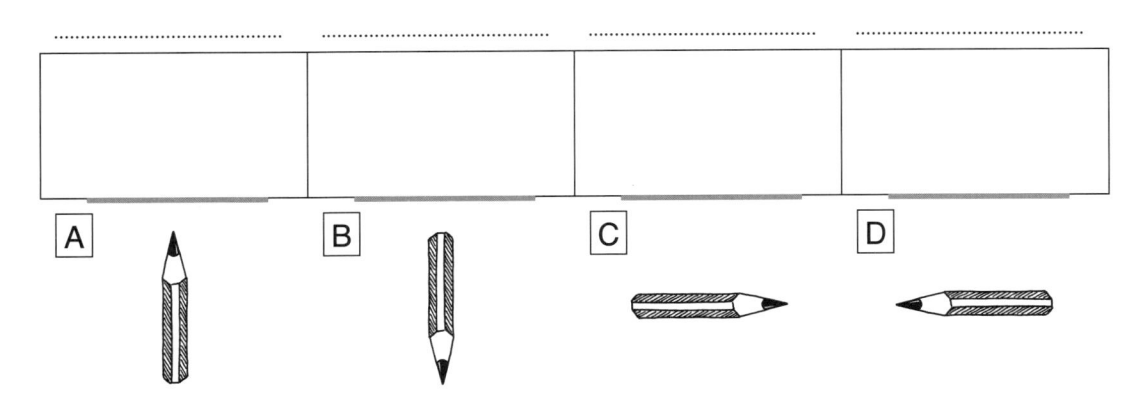

A   B   C   D

Bei A ist die Spitze

Male das Spiegelbild darunter.

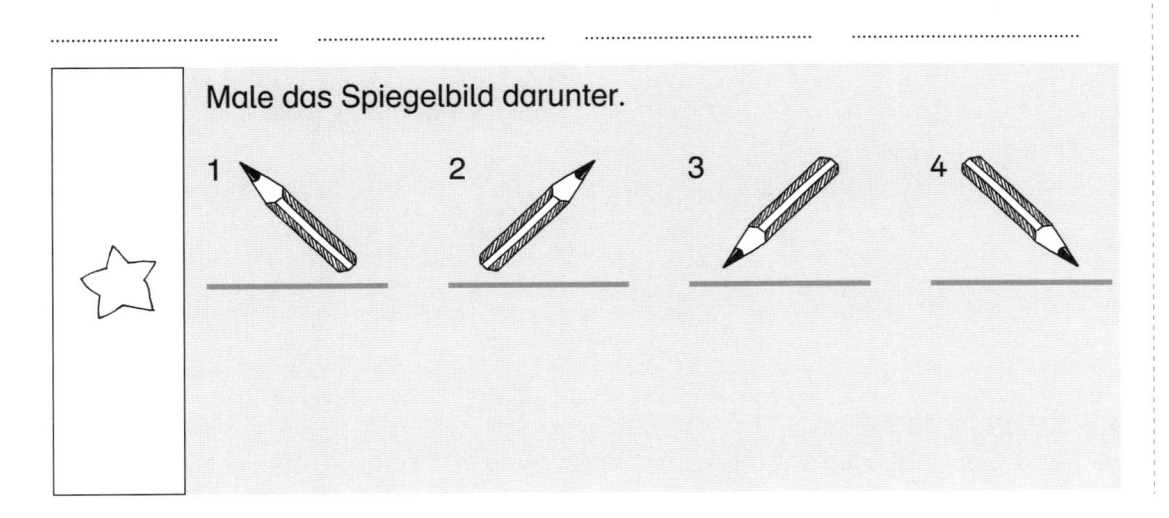

1   2   3   4

Knicke zuerst den Streifen um.

Aufgabe 1

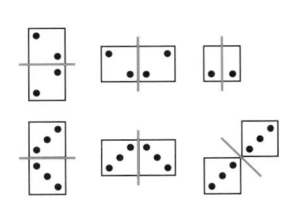

Aufgabe 2

Im Spiegel …
unten
oben
rechts
links
Bei A – oben
B – unten
C – rechts
D – links

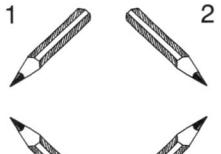

1   2
3   4

Silvia Regelein: Richtig Geometrie lernen – so klappt's! · 1./2. Klasse · Best.-Nr. 1023 · © Brigg Pädagogik Verlag GmbH, Augsburg

Name: _____   Datum: _____

Sterne

① Wie viele Zacken hat jeder Stern?

5   ....

....

② Fahre in einem Zug nach.

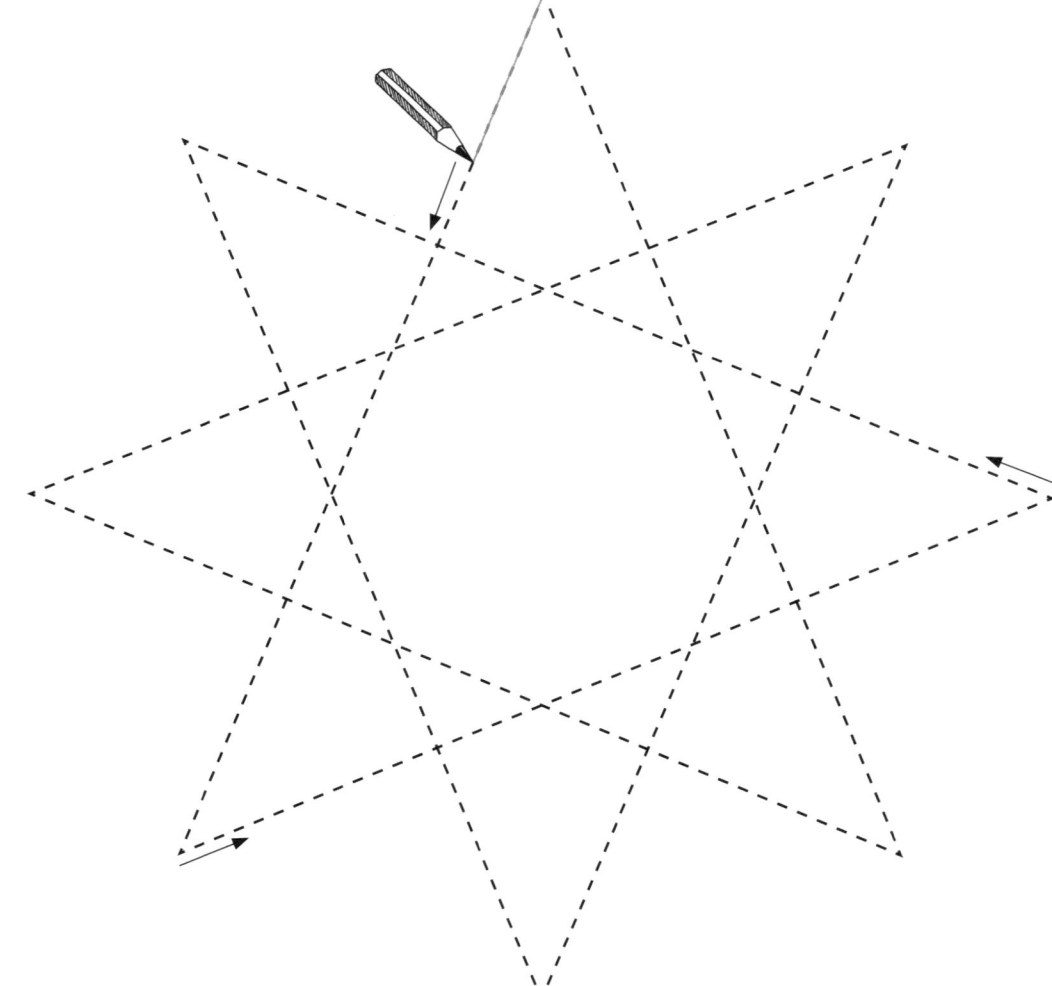

Male den Stern mehrmals ab.
Finde viele Dreiecke und male sie mit verschiedenen Farben an.

Knicke zuerst den Streifen um.

Aufgabe 1

5	6	7	8
10	12	14	16

Beispiele:

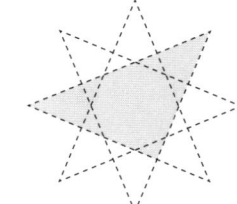

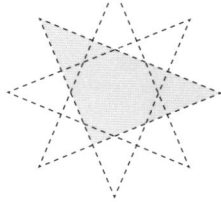

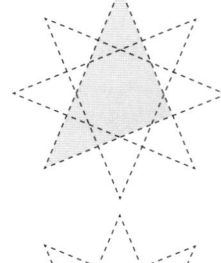

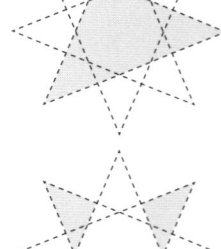

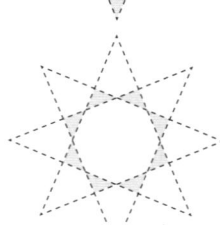

Insgesamt 28 Dreiecke

Name: _____   Datum: _____

Ich bin fit für die 2. Klasse

① Male den vorderen Stein *rosa* an.

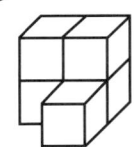

Male die hinteren Steine so an:
unten rechts *grün*   oben links *gelb*
oben rechts *rot*   unten links *lila*

② Fahre das Quadrat *rot* nach, das Rechteck *grün* und das Viereck *blau*.
Male in jede rechte Ecke einen roten Punkt.

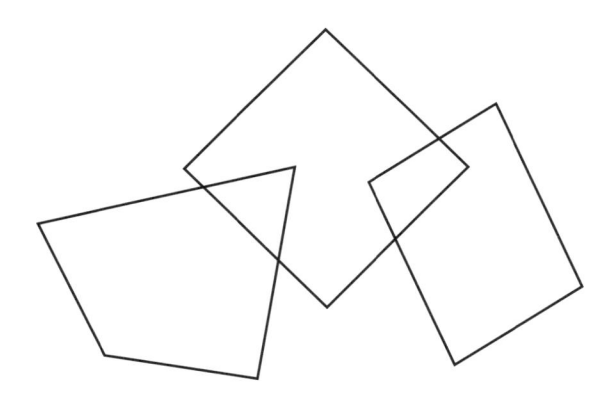

③ Verbinde passende Punkte mit dem Lineal und zeichne ein …

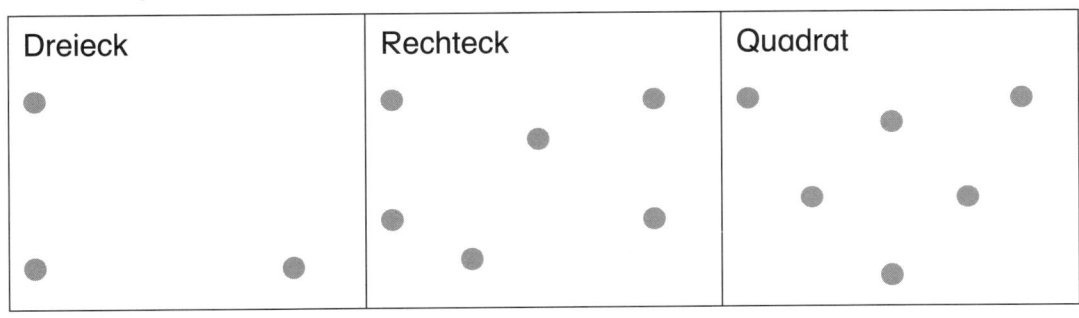

Dreieck	Rechteck	Quadrat

④ Wie viele Formen kannst du sehen?

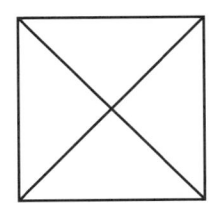

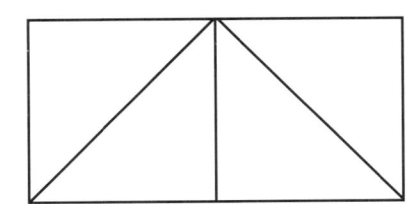

.... Rechtecke   .... Rechtecke

.... Quadrate   .... Quadrate

.... Dreiecke   .... Dreiecke

Knicke zuerst den Streifen um.

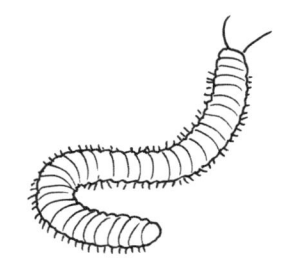

Aufgabe 1

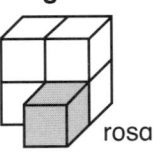

rosa

hintere Steine

gelb	rot
lila	grün

Aufgabe 2

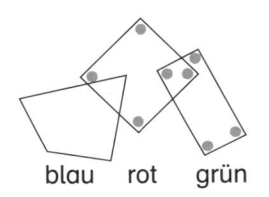

blau   rot   grün

Aufgabe 3

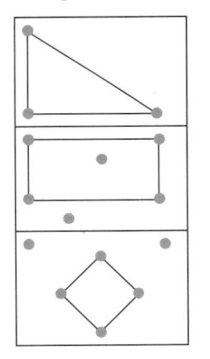

Aufgabe 4

--	1 R
1 Qu	2 Qu
8 D	5 D

Name: _____   Datum: _____

Flächenformen erkennen

① Was sieht aus wie ein ... ?
Verbinde jeden Gegenstand mit seiner Flächenform.

Dreieck	Kreis	Quadrat	Rechteck	Fünfeck	Sechseck
△	○	□	▭	⬠	⬡
dreieckig	rund kreisförmig	quadratisch	rechteckig	fünfeckig	sechseckig

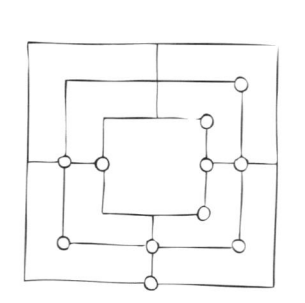

a) Zeitungshut

e) Spielbrett und Steine des Mühlespiels

b) Muster auf dem Fußball

d) Drachen

c) Lineal

Ein Quadrat ist ein Rechteck, aber ein Rechteck ist kein Quadrat.
Warum ist das so? Schreibe auf.

_____

② Male je zwei Formen an. (gelb) /rot\ |blau| |grün|

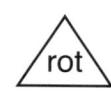

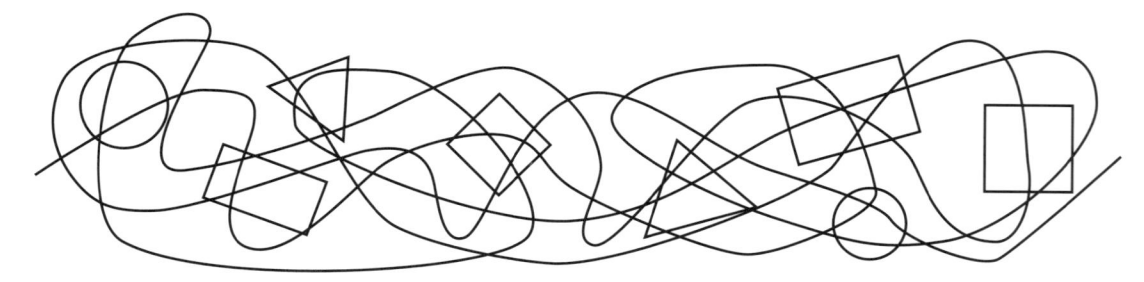

Zeichne ohne Lineal ein Quadrat, ein Rechteck, einen Kreis und ein Dreieck auf die Rückseite.

Knicke zuerst den Streifen um.

□

Was ist dein liebster quadratischer Gegenstand?

....

Aufgabe 1
a) Dreieck
b) Fünfeck, Sechseck
c) Rechteck
e) Quadrat, Kreis

Ein Quadrat ist ein besonderes Rechteck mit vier gleich langen Seiten.

Name: _____ Datum: _____

Rechtecke, Quadrate, Dreiecke und Kreise

① Male an: Quadrate gelb, diese Rechtecke ▯ blau, diese Rechtecke ▭ lila, diese Dreiecke ◣ rosa, diese Dreiecke ◥ rot

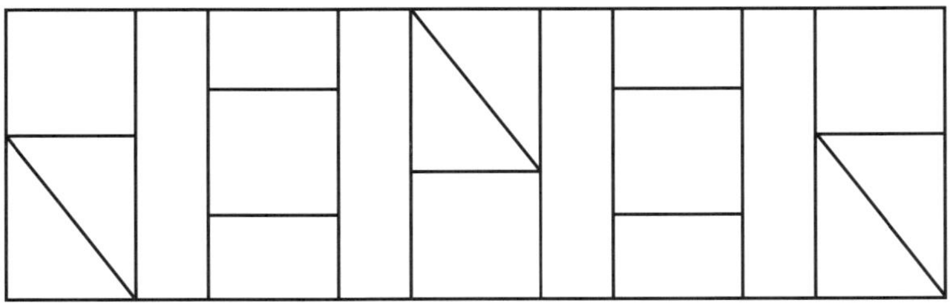

Zähle.	
	Dreiecke
	Rechtecke
	Quadrate

② Ergänze den Merksatz.

In einem Muster wiederholen sich ....
....

③ Male zuerst die Formen A bis F aus.
Lege dann im Kopf die Formen aufeinander. Male nun Bild 1 und 2 richtig aus.

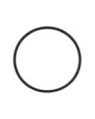

a)
A rot 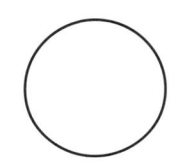   B blau 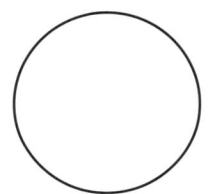   C gelb   Bild 1

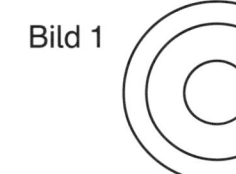

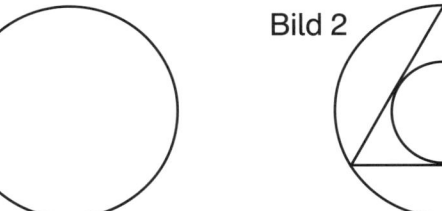

b) 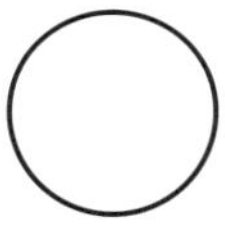
D orange 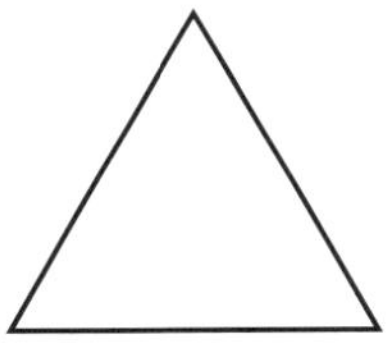   E rot   F gelb   Bild 2

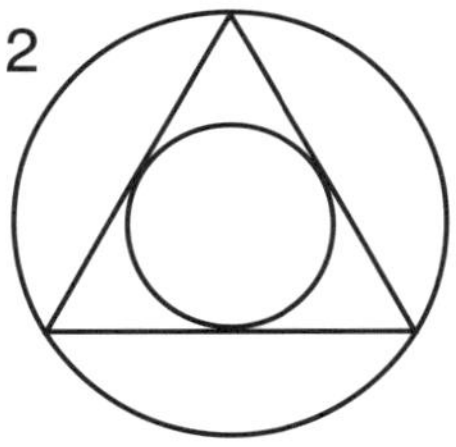

④ Wie viele Rechtecke, Quadrate und Dreiecke kannst du sehen?
Fahre jede Form mit einer anderen Farbe nach.

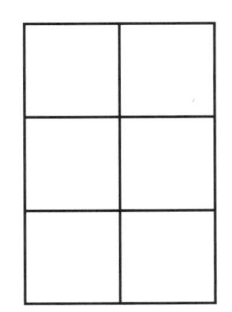

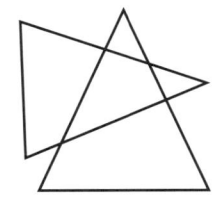

.... Rechtecke   .... Quadrate   .... Dreiecke

---

Knicke zuerst den Streifen um.

Aufgabe 1
6 Dreiecke
8 Rechtecke
5 Quadrate

Aufgabe 2
Farben und Formen

Aufgabe 3
(r, b, g)
(o, g, r)

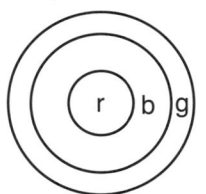

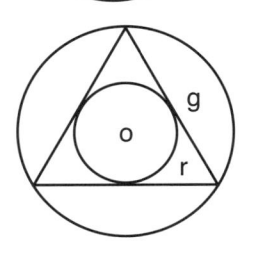

Aufgabe 4
5 Rechtecke

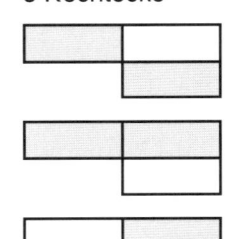

8 Quadrate

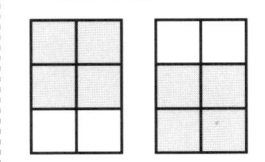

5 Dreiecke

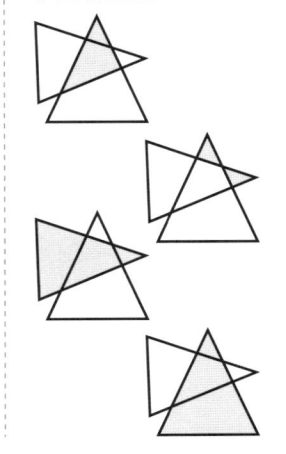

Silvia Regelein: Richtig Geometrie lernen – so klappt's! · 1./2. Klasse · Best.-Nr. 1023 · © Brigg Pädagogik Verlag GmbH, Augsburg

Name: _____ Datum: _____

Kreise untersuchen und zeichnen

① Ordne die Kreise mit einer Nummer der Größe nach.

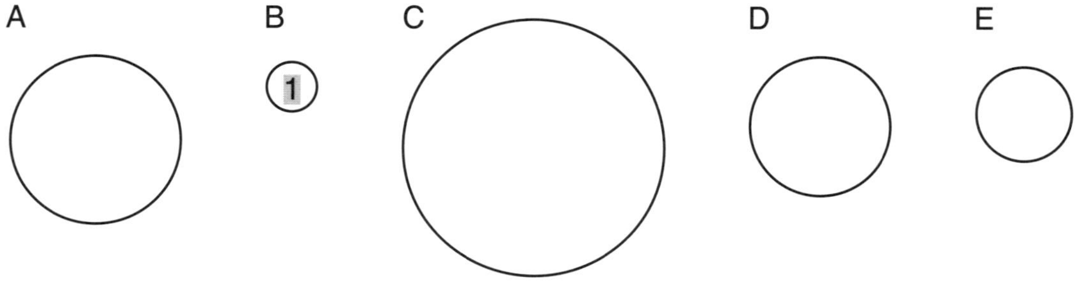

A   B   C   D   E

② a) Zeichne freihändig mehrere Kreise auf ein Blatt. Schneide den schönsten Kreis aus. Falte ihn zur Hälfte zu einem Halbkreis. Falte den Halbkreis nochmals zur Hälfte zu einem Viertelkreis. Die beiden Faltlinien zeigen den Mittelpunkt des Kreises.
b) Zeichne bei Aufgabe 1 den Mittelpunkt in die Kreise.

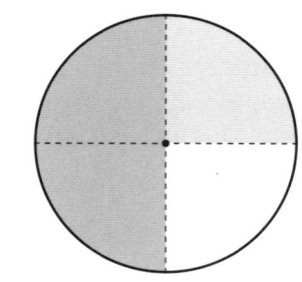

③ Immer zwei Figuren gehören zu einem Kreis.
a) Male sie mit gleicher Farbe an.

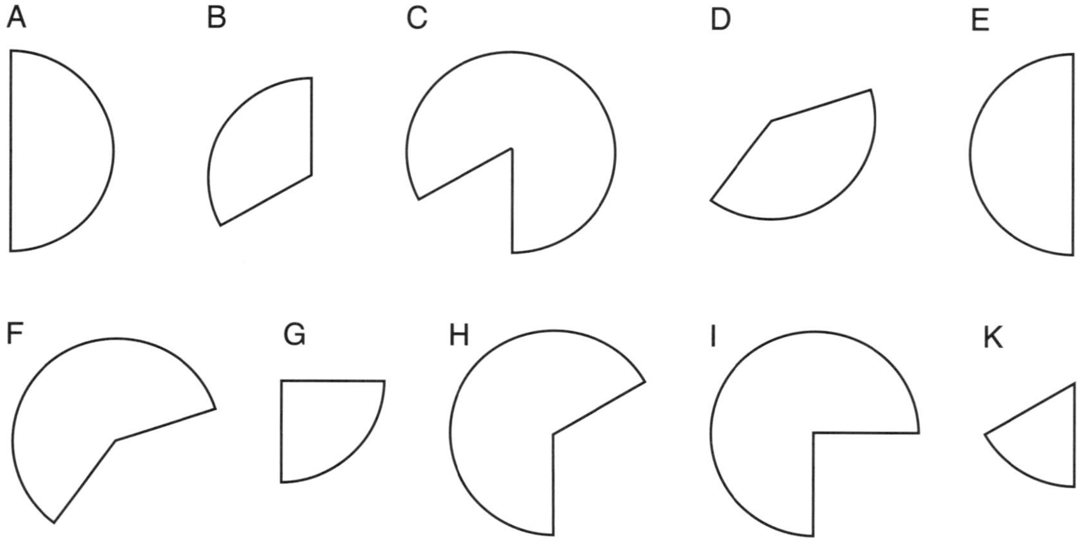

A   B   C   D   E

F   G   H   I   K

b) Wo ist ein Halbkreis, wo ein Viertelkreis? Schreibe passend dazu.

Zeichne in dein Heft freihändig Muster mit Kreisen. Beispiele:

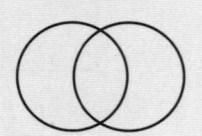

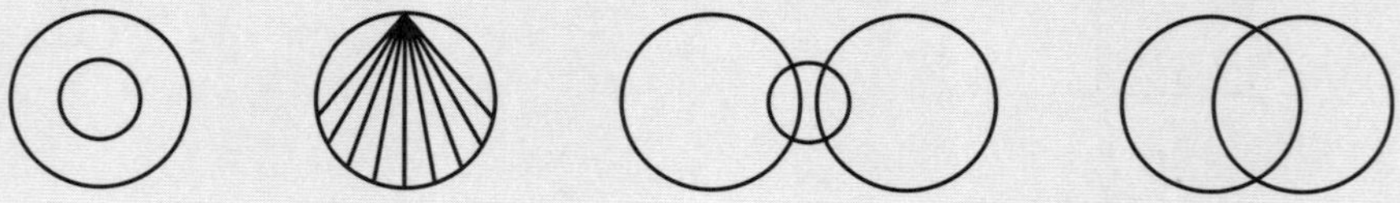

Knicke zuerst den Streifen um.

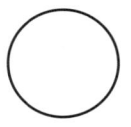

Was ist dein liebster Gegenstand mit Kreisform?

....

Aufgabe 1
A 4, B 1, C 5, D 3, E 2

Aufgabe 3
a)
Das gehört zusammen:
A und E
B und H
C und K
D und F
G und I

b)
Halbkreis A, E
Viertelkreis G

Name: _____   Datum: _____

Quadrate und Rechtecke zeichnen

① Betrachte das Rechteck und das Quadrat.
  a) Was haben beide Formen gemeinsam?

  ....

  b) Was ist bei beiden Formen verschieden?

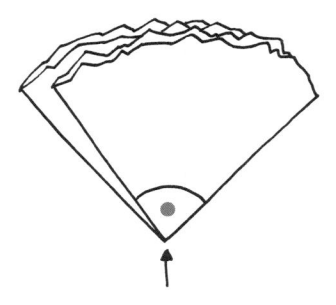

  ....

② a) Verbinde die Punkte mit dem Lineal.
     Zeichne jede Form mit einer anderen Farbe.
  b) Überprüfe mit dem Faltwinkel die rechten Winkel
     und male in jede rechte Ecke einen roten ● Punkt.
  c) Schreibe die Länge in cm an jede Seite.

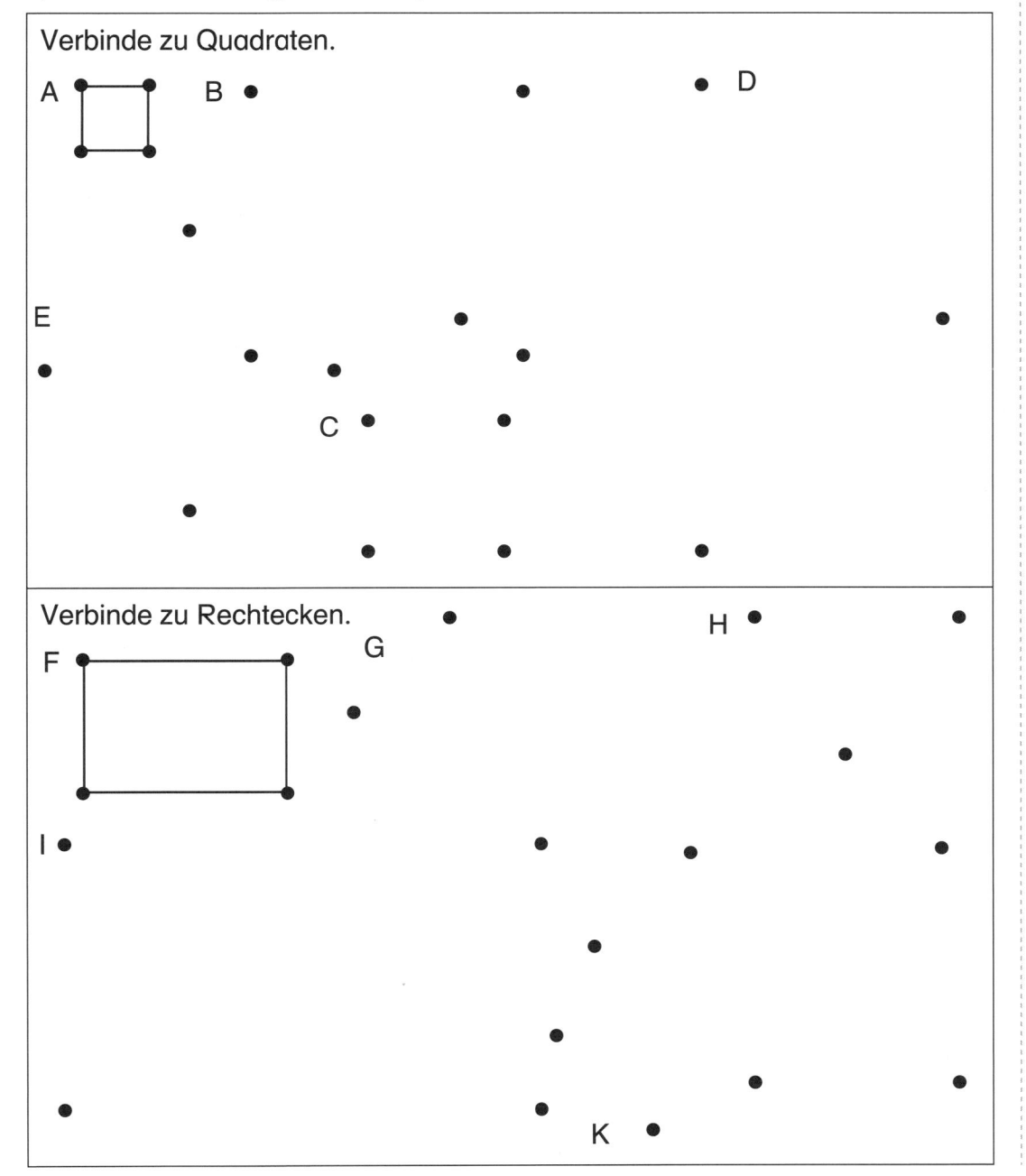

Verbinde zu Quadraten.

Verbinde zu Rechtecken.

Knicke zuerst den Streifen um.

Was ist dein liebster dreieckiger Gegenstand?

....

Aufgabe 1
a) 4 rechte Winkel
b) die Länge der Seiten

Aufgabe 2

Quadrate
A 1 cm
B 4 cm
C 2 cm
D 5 cm
E 3 cm

Rechtecke
F 3 cm, 2 cm
G 5 cm, 2 cm
H 7 cm, 3 cm
I   7 cm, 4 cm
K 6 cm, 2 cm

Silvia Regelein: Richtig Geometrie lernen – so klappt's! · 1./2. Klasse · Best.-Nr. 1023 · © Brigg Pädagogik Verlag GmbH, Augsburg

Name: _____   Datum: _____

Ein Quadrat falten (1)

Falte aus acht großen Blättern Papier (DIN A4) jeweils ein Quadrat.

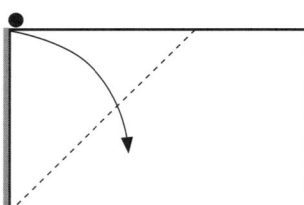

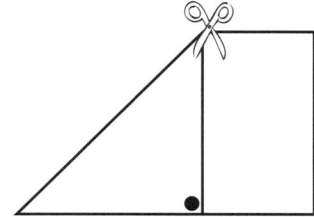

Falte bei den Aufgaben 1 bis 7 jedes Quadrat so, dass du nach dem Auffalten .... diese Linien siehst. Schreibe zu jedem Quadrat:
a) Wie oft musst du falten?
b) Welche Formen siehst du nach dem Auffalten?

① Falte **längs**. Lege **genau** die linken Ecken auf die rechten Ecken. Drücke die Faltlinie mit dem stumpfen Stiftende fest.

Mittellinie

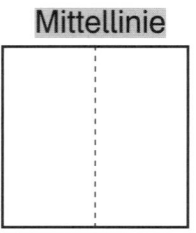

a) ....

b) ....

c) Fahre die senkrechte Mittellinie rot nach. Male ein halbes Quadrat gelb an.

halbes Quadrat

② Falte **längs** und **quer**. • **Mittelpunkt** des Quadrats

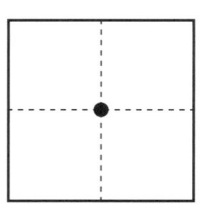

a) ....

b) ....

c) Fahre die senkrechte Mittellinie rot nach, die **waagerechte** blau. Male ein Viertelquadrat rosa an.

Viertelquadrat

③ Falte an der waagerechten Mittellinie.

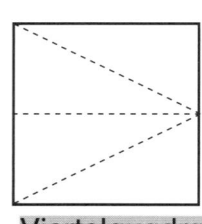

a) ....

b) ....

c) Male ein Viertel des Quadrats rosa an.

Viertelquadrat

Knicke zuerst den Streifen um.

So faltest du ein Quadrat:
Falte die Ecke links oben so auf die untere Seite, dass die dicke Linie genau unten auf der Seite aufliegt.

Aufgabe 1
a) einmal
b) 2 gleich große Rechtecke

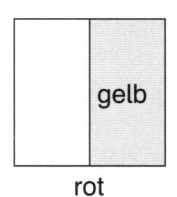

gelb
rot

Aufgabe 2
a) zweimal
b) 4 gleich große Quadrate

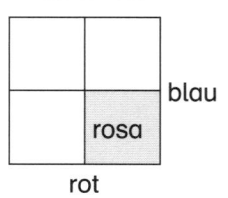

blau
rosa
rot

Aufgabe 3
a) dreimal
b) 4 gleich große Dreiecke

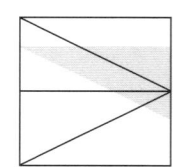

Name: _____ Datum: _____

Ein Quadrat falten (2)

④ Lege **genau** die linke Ecke unten auf die rechte Ecke oben.

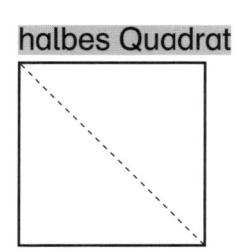

halbes Quadrat   a) ....

b) ....

c) Fahre die Diagonale grün nach. Male ein halbes Quadrat gelb an.

Diagonale

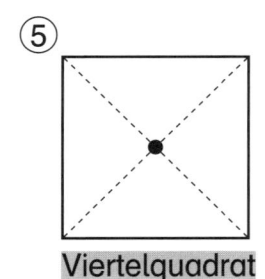

⑤ a) ....

b) ....

c) Fahre die beiden Diagonalen grün nach. Male ein Viertel des Quadrats rosa an.

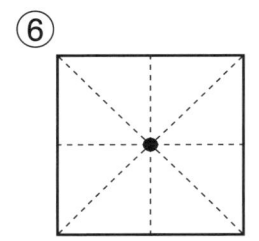

Viertelquadrat

⑥ a) ....

b) ....

c) Fahre die beiden Diagonalen grün nach, die senkrechte Mittellinie rot, die waagerechte blau.

⑦ Falte zuerst an den Mittellinien. Falte dann jede Ecke zum Mittelpunkt.

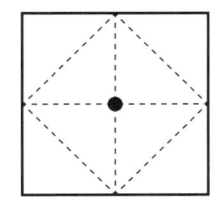

a) ....

b) ....

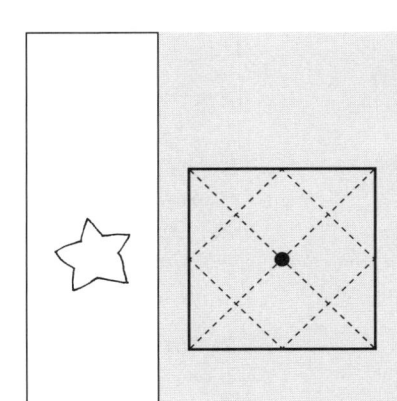

Falte zuerst an den Diagonalen.
Falte dann jede Ecke zum Mittelpunkt.

a) ....

b) ....

c) Male die Formen im Quadrat mit zwei Farben so aus, dass keine gleichen Farben aneinanderstoßen.

Knicke zuerst den Streifen um.

Aufgabe 4
a) einmal
b) 2 gleich große Dreiecke

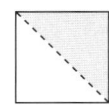

Aufgabe 5
a) zweimal
b) 4 gleich große Dreiecke

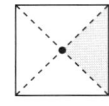

Aufgabe 6
a) viermal
b) 8 gleich große Dreiecke

Aufgabe 7
a) sechsmal
b) 8 gleich große Dreiecke

☆
a) sechsmal
b) 8 gleich große Dreiecke
4 gleich große Quadrate

Name: _____ Datum: _____

Formen zerschneiden

① Zerschneide ein Quadrat.
a) Zeichne im großen Quadrat ein, wie du schneidest.

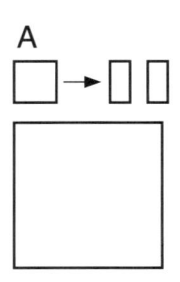

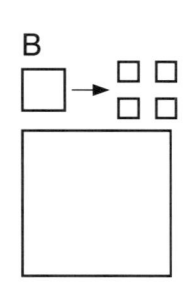

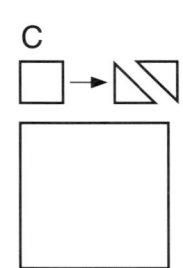

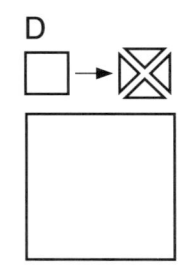

A B C D

b) Ergänze.

Wenn ich ein Quadrat halbiere, entstehen zwei gleich große

.... oder zwei ....

Wenn ich ein Quadrat in vier gleiche Teile zerschneide, erhalte ich

.... oder ....

② Falte bei a, b, und c ein Quadrat wie vorgegeben und schneide eine Ecke ab. Falte wieder auf. Welche Form entsteht? Kreuze an.

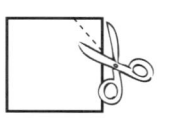

★ Löse diese Aufgaben im Kopf, ohne zu falten.

a) Falte ein Quadrat an der senkrechten Mittellinie zur Hälfte. Schneide an der Faltlinie die obere Ecke ab.

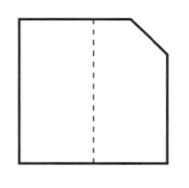

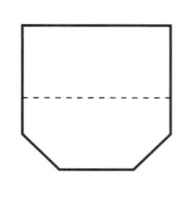

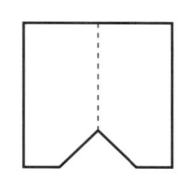

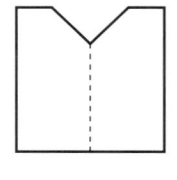

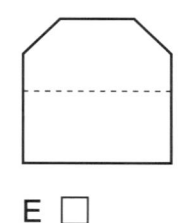

A ☐   B ☐   C ☐   D ☐   E ☐

b) Falte zweimal zu einem Viertelquadrat. Schneide die Ecke im Mittelpunkt ab.

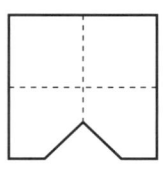

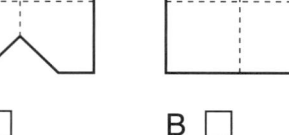

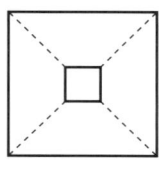

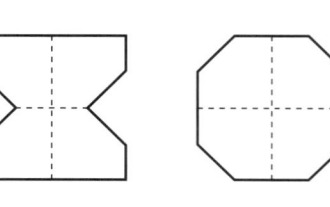

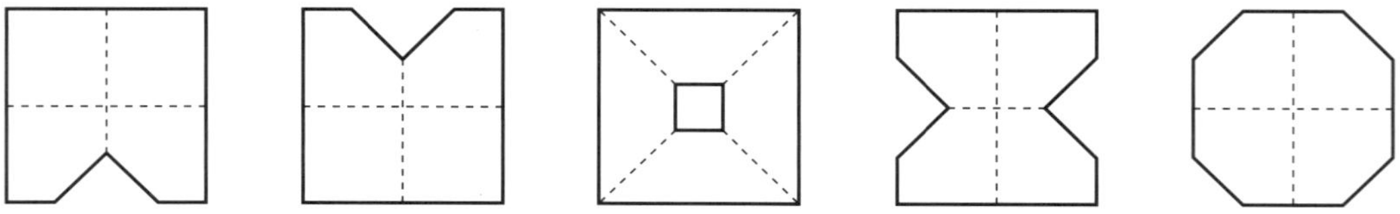

A ☐   B ☐   C ☐   D ☐   E ☐

Knicke zuerst den Streifen um.

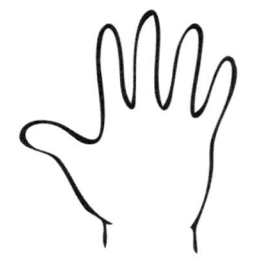

Lege deine Hand mit gespreizten Fingern auf ein Blatt Papier. Fahre den Umriss nach und schneide ihn aus. Miss die Länge jedes Fingers und schreibe sie dazu.

Aufgabe 1
A

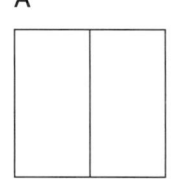

B

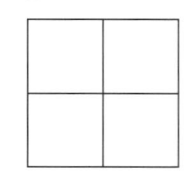

C

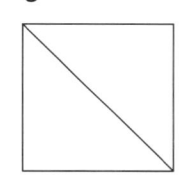

D

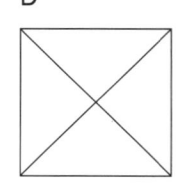

b)
Rechtecke
gleich große Dreiecke
vier Quadrate
vier Dreiecke

Aufgabe 2
a) D
b) C

Name: _____   Datum: _____

Strecken messen und zeichnen

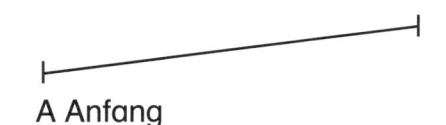

① B Ende

A Anfang

Das ist eine gerade Linie oder kurz eine Gerade. Du kannst sie in Gedanken unendlich verlängern. Sie hat keinen Anfang und kein Ende.

Das ist die Strecke $\overline{AB}$. Vom Anfang A bis zum Ende B ist sie .... cm lang.

② Zeichne mit dem Lineal diese Strecken so in dein Heft.

$\overline{AB}$ = 10 cm $\overline{CD}$ = 15 cm $\overline{EF}$ = 20 cm

Zeichne möglichst lange Strecken auf die Rückseite dieses Blattes.
Wie lange ist jede Strecke? a) waagerecht: .... cm
b) senkrecht: .... cm   c) als Diagonale: .... cm

③ Solche Zick-Zack-Linien mit vielen Strecken heißen Streckenzug.
Wie lang ist jeder Streckenzug?

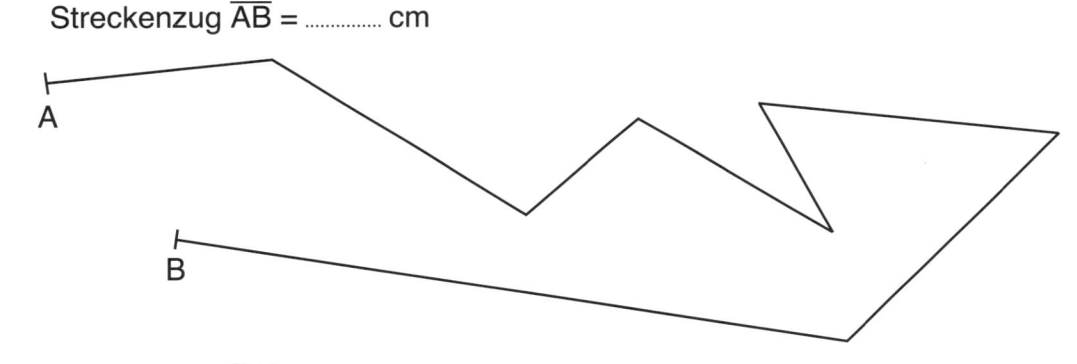

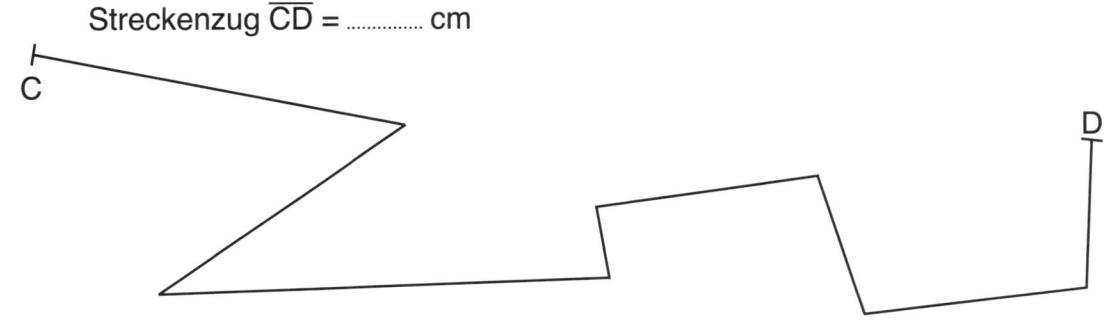

Streckenzug $\overline{AB}$ = ... cm

Streckenzug $\overline{CD}$ = ... cm

Zeichne einen möglichst langen Streckenzug auf eine Heftseite und schreibe zu jeder Strecke die Länge dazu.

Knicke zuerst den Streifen um.

Wie lang und wie breit sind dein Rechenbuch und dein Rechenheft?

	Länge	Breite
B	cm	cm
H	cm	cm

Aufgabe 1
5 cm

Aufgabe 2
☆
ungefähr:
a) 20 cm
b) 29 cm
c) 36 cm

Aufgabe 3
3 cm
4 cm
2 cm
3 cm
2 cm
4 cm
4 cm
9 cm
AB = 31 cm

5 cm
4 cm
6 cm
1 cm
3 cm
2 cm
3 cm
2 cm
CD = 26 cm

Silvia Regelein: Richtig Geometrie lernen – so klappt's! 1./2. Klasse · Best.-Nr. 1023 · © Brigg Pädagogik Verlag GmbH, Augsburg

Die Seiten von Formen messen und zeichnen

① Miss die Seitenlängen und trage sie in die Tabelle ein.
Fahre gleich lange Seiten bei jeder Form mit gleicher Farbe nach.

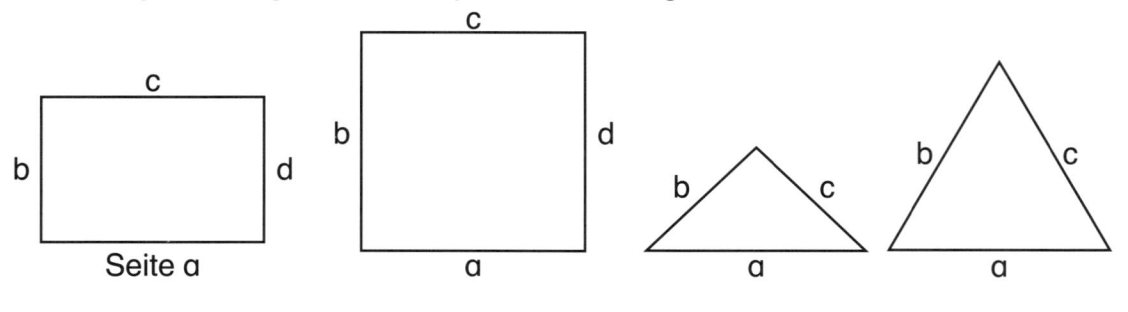

	Rechteck	Quadrat	Dreieck 1	Dreieck 2
Seite a				
Seite b				
Seite c				
Seite d				

② Miss jede Strecke und schreibe die Länge in cm an jede Strecke.
Zeichne das Bild mit dem Lineal in dein Heft ab.

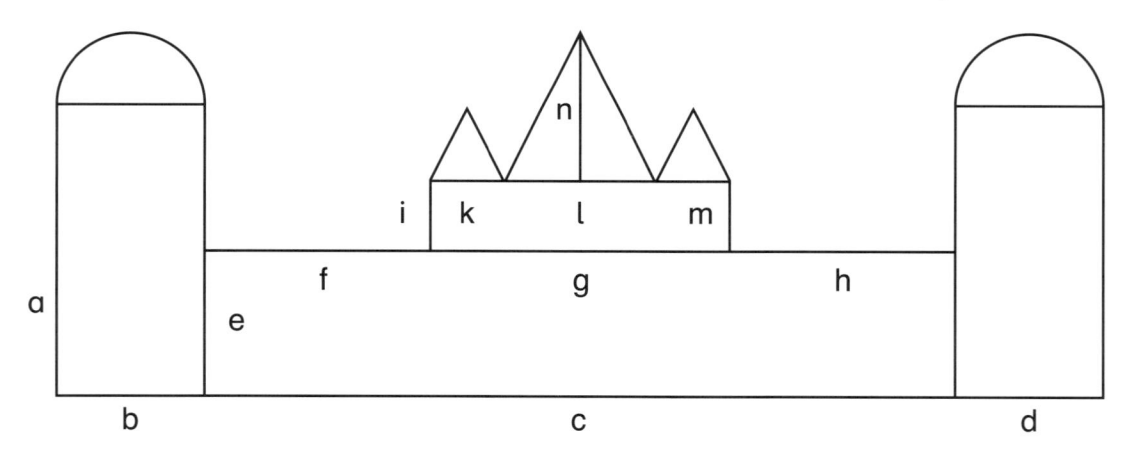

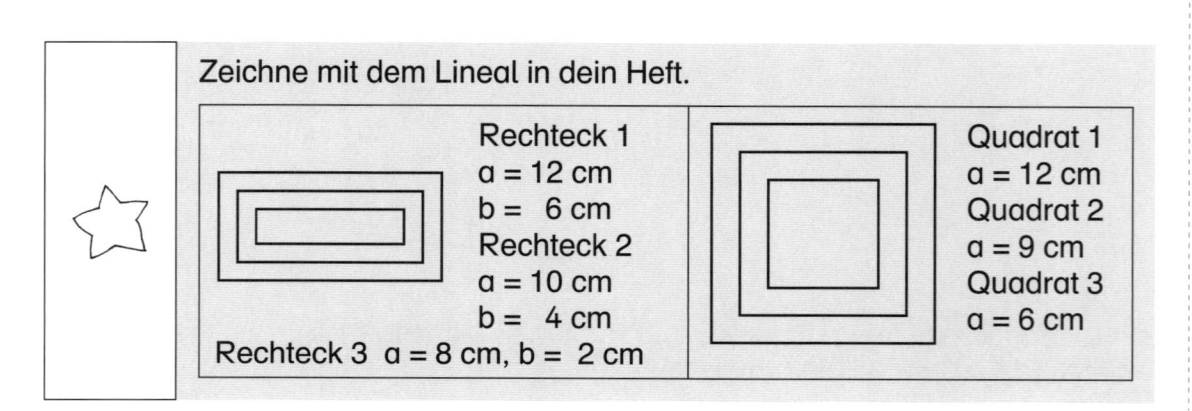

Zeichne mit dem Lineal in dein Heft.

Rechteck 1
a = 12 cm
b = 6 cm
Rechteck 2
a = 10 cm
b = 4 cm
Rechteck 3 a = 8 cm, b = 2 cm

Quadrat 1
a = 12 cm
Quadrat 2
a = 9 cm
Quadrat 3
a = 6 cm

Knicke zuerst den Streifen um.

Wie viele Farben hat dein Malkasten? ....
Zeichne auf die Rückseite deinen aufgeklappten Malkasten in der richtigen Größe genau ab.

Aufgabe 1

	R	Qu
a	3 cm	3 cm
b	2 cm	3 cm
c	3 cm	3 cm
d	2 cm	3 cm

	D 1	D 2
a	3 cm	3 cm
b	2 cm	3 cm
c	2 cm	3 cm
d	---	---

Aufgabe 2

a = 4 cm
b = 2 cm
c = 10 cm
d = 2 cm
e = 2 cm
f = 3 cm
g = 4 cm
h = 3 cm
i = 1 cm
k = 1 cm
l = 2 cm
m = 1 cm
n = 2 cm

Name: _____   Datum: _____

Ein Dreieck mit drei gleich langen Seiten falten

① So kannst du aus einem rechteckigen DIN-A4-Blatt ein gleichseitiges Dreieck falten.

Schritt 1 Halbiere das Blatt so, dass die langen Seiten aufeinanderliegen. Klappe es wieder auf.

1 Mittellinie

Schritt 2 Falte die ganze Seite a so nach rechts, dass die Ecke A auf der Mittellinie liegt.

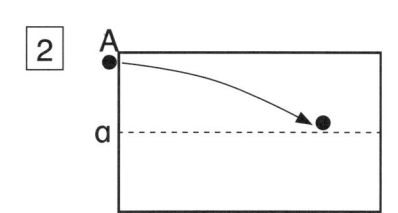

Schritt 3 Falte die Ecke B so nach links, dass sie auf der Faltlinie liegt.

Wie lang ist jede Seite? .... cm

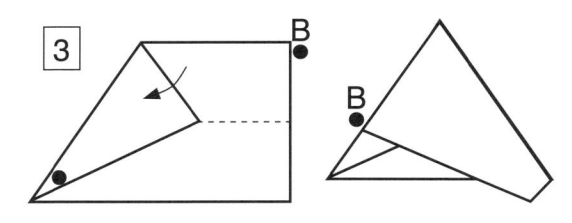

Schritt 4 Falte das Rechteck auf und schneide das Dreieck entlang der schrägen Faltlinien aus.

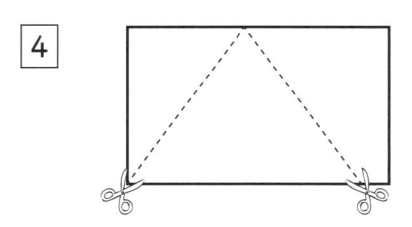

② So kannst du aus dem gleichseitigen Dreieck eine neue Form falten.

a Falte immer zwei Ecken aufeinander, Ecke A auf Ecke B, Ecke B auf Ecke C und Ecke A auf Ecke C. Nun siehst du den Mittelpunkt des Dreiecks.

b Falte jede Ecke genau zum Mittelpunkt. Es entsteht ein ....
Zeichne hier die neue Form.

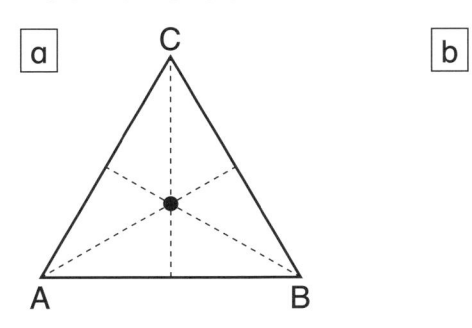

Wie lang ist jede Seite? .... cm

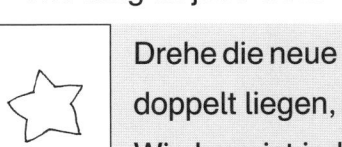

Drehe die neue Form von Aufgabe 2 um. Falte die drei Seiten, die nicht doppelt liegen, zur Mitte. Es entsteht ein ....
Wie lang ist jede Seite? .... cm

Knicke zuerst den Streifen um.

Halte deinen Bleistift mit dem stumpfen Ende nach unten auf ein Papier. Umfahre ihn mit einem zweiten Stift. Welche Form entsteht? Kreuze an:

☐ ein Kreis
☐ ein Sechseck
☐ ein Dreieck mit abgerundeten Ecken
☐ ein Quadrat

Aufgabe 1
24 cm

Aufgabe 2
Sechseck

8 cm

kleines Dreieck
12 cm

Name: _____ Datum: _____

Den Umfang bestimmen

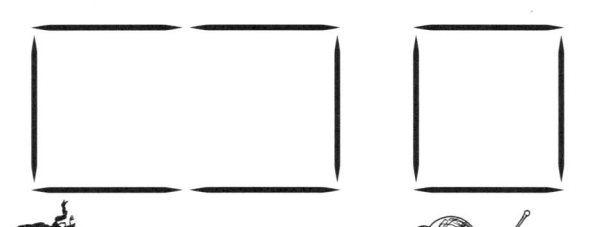

① Jedes Tier läuft einmal ringsherum um ein Beet. Wer hat den längsten Weg?
   Schätze zuerst:
   ☐ der Käfer   ☐ die Schnecke   ☐ die Ameise

> Die Wegstrecke um die Form herum ist der Umfang.

② Lege die Wegstrecke um jede Form mit deinen Stäbchen nach und notiere.
   Wie viele Stäbchen brauchst du für jede Form?

Umfang	Rechteck	Quadrat	Dreieck
Anzahl der Stäbchen			

③ Welche Form hat den größten Umfang?
   Fahre oben den kleinsten Umfang rot nach, den größten grün.

④ Trage in die Tabelle ein.

Umfang	Rechteck aus meinen Stäben	Quadrat aus meinen Stäben	Dreieck aus meinen Stäben
gemessen	.... cm	.... cm	.... cm

☆ Ist der Umfang einer halben Form auch halb so groß?
Zeichne auf ein Blatt, miss und notiere:

	ein Quadrat mit der Seitenlänge 10 cm	ein Rechteck mit den Seitenlängen 14 cm und 8 cm
Umfang	.... cm	.... cm

Falte die Formen zur Hälfte, miss und notiere:

Umfang	.... cm	.... cm

Kreuze die richtige Antwort an.   ☐ ja   ☐ nein

Knicke zuerst den Streifen um.

Du brauchst **17** *gleich lange* Stäbchen wie Zahnstocher, Streichhölzer oder Strohhalme. Die Länge ist beliebig. Aber alle Stäbchen müssen gleich lang sein.

Aufgabe 2

R	Qu	D
6	4	7

Aufgabe 3
Dreieck grün
Quadrat rot

Aufgabe 4
Je nach Länge deiner Stäbchen sind hier unterschiedliche Lösungen möglich.

☆

40 cm	44 cm
30 cm	30 cm * 36 cm **

* beim Halbieren der langen Seite
** beim Halbieren der kurzen Seite

☒ nein

Figuren vergrößern und verkleinern

① Zeichne genau nach.

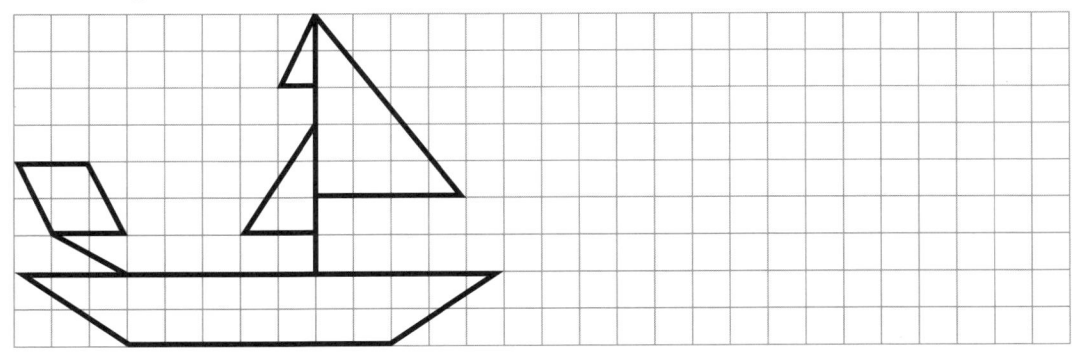

② Zeichne nach, aber kleiner.

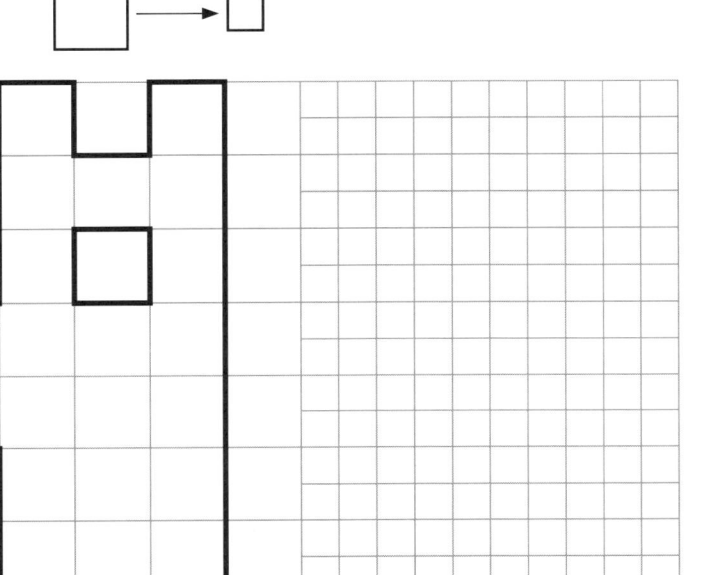

③ Zeichne nach, aber größer.

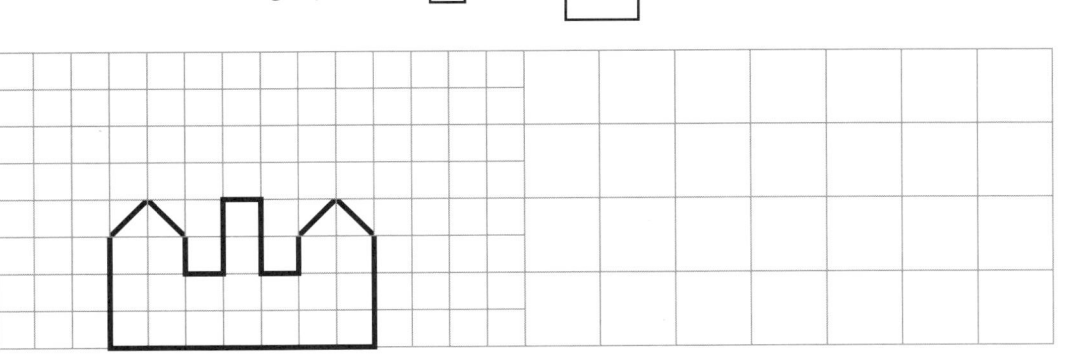

Denke dir eine andere Figur aus, zeichne sie auf Karopapier und daneben größer.

Knicke zuerst den Streifen um.

Zeichne entweder genau nach oder größer.

Silvia Regelein: Richtig Geometrie lernen – so klappt's! · 1./2. Klasse · Best.-Nr. 1023 · © Brigg Pädagogik Verlag GmbH, Augsburg

Name: _____ Datum: _____

Quadrate zusammensetzen

① a) Lege Quadrate zu neuen Figuren zusammen. Die Quadrate sollen an mindestens einer Seite zusammenhängen.
Beispiel:

Das ist ein Vierling.
4 Quadrate hängen zusammen.

Das ist kein Vierling.

Male die Seiten rot an, an denen die Quadrate zusammenhängen.

b) Verbinde jede Figur mit ihrem Namen und lege nach.

| Zwilling | Einling | Fünfling | Drilling | Sechsling | Vierling |

c) Lege andere Drillinge, Vierlinge, Fünflinge und Sechslinge und zeichne sie in dein Heft.

② Immer zwei Figuren ergeben ein Quadrat. Male sie mit gleicher Farbe leicht an.

Wie viele verschiedene Drillinge und Vierlinge gibt es?
Zeichne sie in dein Heft.

Es gibt .... verschiedene Drillinge und .... verschiedene Vierlinge.

Knicke zuerst den Streifen um.

Du brauchst 20 quadratische Plättchen oder Zettel eines quadratischen Notizblocks. Wenn du die Zettel viertelst, brauchst du nur fünf.

Aufgabe 1

Aufgabe 2
1 und 11
2 und 10
3 und 7
4 und 8
5 und 13
6 und 9
12 und 14

☆
6 Drillinge
13 Vierlinge

Name: _____ Datum: _____

Deckungsgleiche Vierlinge

① Sind diese vier Vierlinge gleich oder verschieden?

Vierling 1   Vierling 2   Vierling 3   Vierling 4

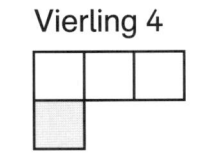

a) Ergänze.

Die vier Vierlinge sind ...., weil jeweils ein

Quadrat an .... Stelle liegt.

	Vierling 1	Vierling 2	Vierling 3	Vierling 4
Das Quadrat liegt				

b) Zeichne Vierling 1 und Vierling 2 auf Karopapier ab. Eine Quadratseite soll 3 cm lang sein. Schneide die beiden Vierlinge sorgfältig aus.

c) Lege deine beiden Vierlinge so aufeinander, dass sie sich vollständig abdecken. Du siehst: Beide Vierlinge sind deckungsgleich.

② Welche Vierlinge sind auch deckungsgleich? Schreibe den richtigen Buchstaben dazu.

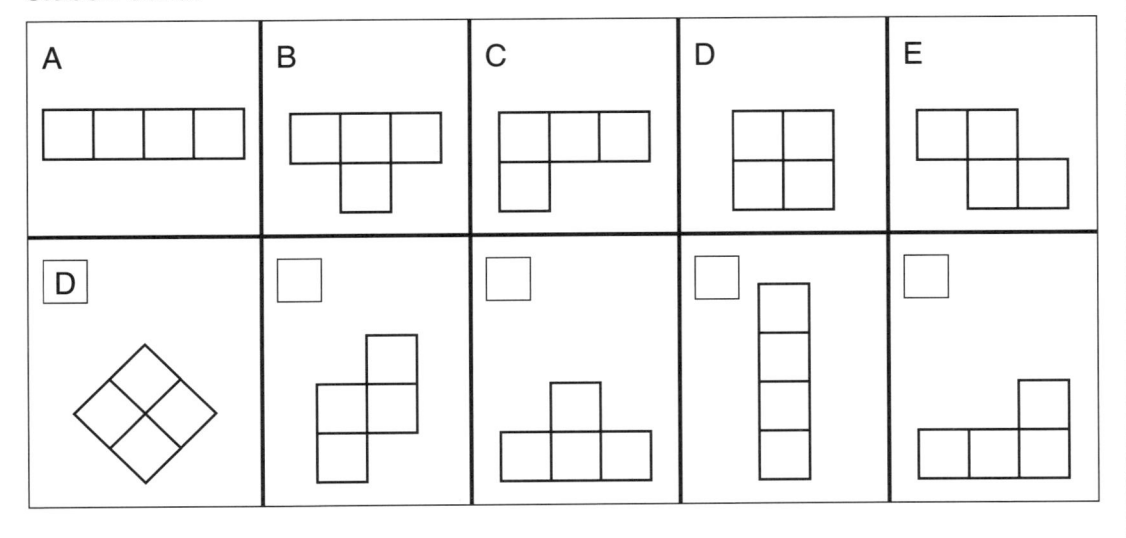

A   B   C   D   E

D

Zeichne zu den Vierlingen B und E weitere deckungsgleiche Vierlinge in dein Heft.

Knicke zuerst den Streifen um.

Klappe die Tafel in eurem Klassenzimmer auf. Wie viele Quadrate kannst du sehen?
....

Wie lang ist eine Quadratseite?
.... m

Wie lang ist die aufgeklappte Tafel? .... m

Wie groß ist der Umfang der aufgeklappten Tafel?
.... m

Aufgabe 1
a) verschieden anderer
V1 links oben
V2 rechts oben
V3 rechts unten
V4 links unten

Aufgabe 2
D E B A C

☆
B

E

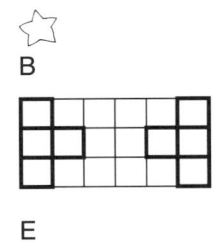

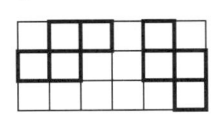

Tafel
meistens
4 ☺ 1 ☺ 4 ☺ 10

Silvia Regelein: Richtig Geometrie lernen – so klappt's! · 1./2. Klasse · Best.-Nr. 1023 · © Brigg Pädagogik Verlag GmbH, Augsburg

Aus einem Vierling werden Fünflinge

① Es gibt .... verschiedene Vierlinge.

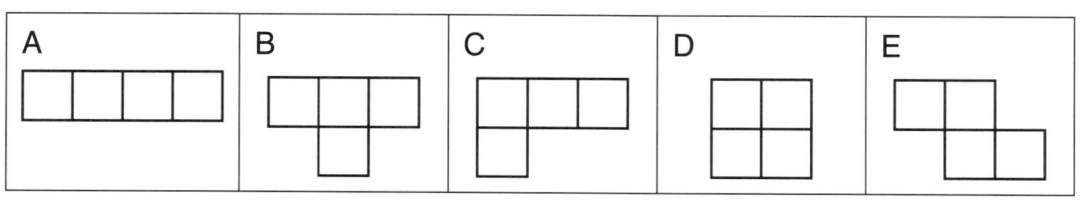

A B C D E

② Rings um den Vierling A wandert ein Quadrat und macht aus dem Vierling einen Fünfling. Aus A wird dann …

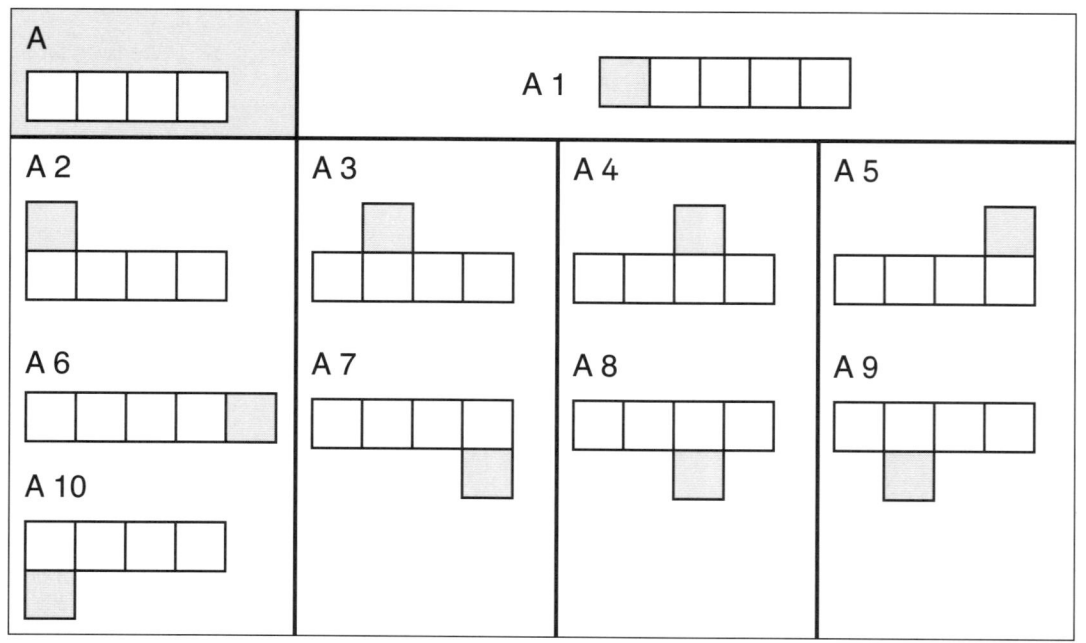

A	A 1
A 2	A 3	A 4	A 5
A 6	A 7	A 8	A 9
A 10			

a) Welche Fünflinge sind deckungsgleich? Male sie mit gleicher Farbe an und schreibe auf: A 1 und A 6, ...

....

b) Wie viele verschiedene Fünflinge konntest du aus dem Vierling A machen? ....

③ Aus welchem Vierling von Aufgabe 1 sind diese Fünflinge entstanden? Schreibe den richtigen Buchstaben dazu.

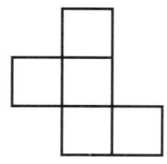

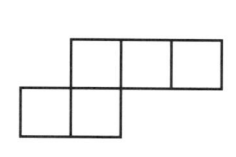

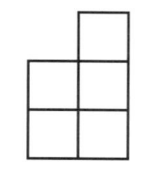

⭐ Lass bei den Vierlingen B und E ebenso ein Quadrat ringsherum wandern. Zeichne die Fünflinge in dein Heft. Male deckungsgleiche Fünflinge mit gleicher Farbe an.

Knicke zuerst den Streifen um.

Aufgabe 1
5

Aufgabe 2
a)
A 2, A 5, A 7 und A 10
☺ A 3, A 4, A 8 und A 9
b)
3

Aufgabe 3
E C D

☆

B

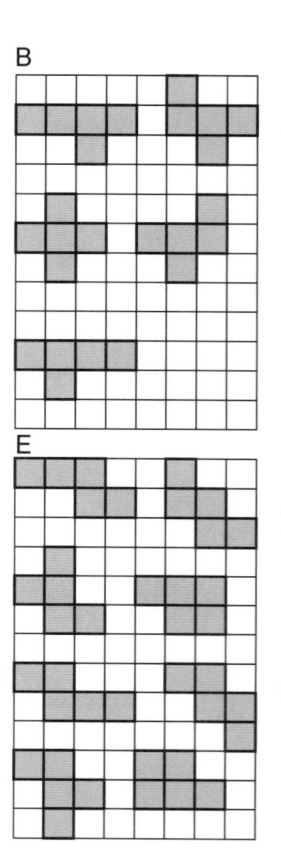

E

Name: _____ Datum: _____

Wie viele Fünflinge gibt es?

① Bei einem Fünfling hängen fünf Quadrate an mindestens einer Seite zusammen.
Deckungsgleiche Fünflinge zählen nur als ein Fünfling.

Wie viele verschiedene Fünflinge gibt es? Kreuze an.
- ☐ Ich meine: Es gibt fünf verschiedene Fünflinge.
- ☐ Ich meine: Es gibt zehn verschiedene Fünflinge.
- ☐ Ich meine: Es gibt elf verschiedene Fünflinge.
- ☐ Ich meine: Es gibt fünfzehn verschiedene Fünflinge.
- ☐ Ich meine: Es gibt mehr als fünfzehn verschiedene Fünflinge.

② Zeichne in dein Heft fünf oder mehr nicht deckungsgleiche Fünflinge.

Bitte hier zuerst umknicken.

③ Zeichne hier alle nicht deckungsgleichen Fünflinge.

a) Die längste Reihe hat fünf Quadrate.							
b) Die längste Reihe hat vier Quadrate.							
c) Die längste Reihe hat drei Quadrate.							
d) Die längste Reihe hat zwei Quadrate.							

④ a) Unterstreiche bei Aufgabe 1 den richtigen Satz.
b) Kreuze die Fünflinge an, die du auch in dein Heft gezeichnet hast.

★ Zeichne farbige Muster aus Fünflingen in dein Heft.

Knicke zuerst den Streifen um.

Du brauchst fünf quadratische Plättchen oder Zettel eines quadratischen Notizblocks.

Aufgabe 3
a)
b)
c)
d)

Aufgabe 4
a) 11

Name: _____ Datum: _____

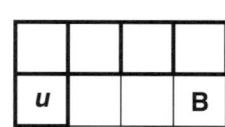

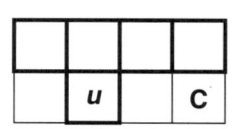

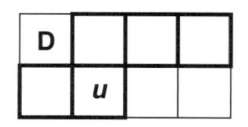

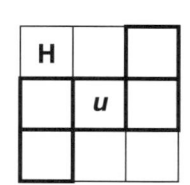

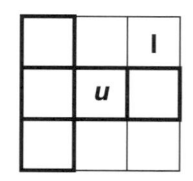

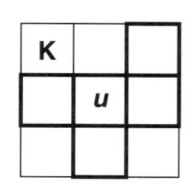

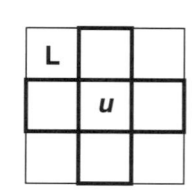

Aus einem Fünfling eine Schachtel falten

① So kannst du aus diesem Fünfling eine oben offene Schachtel falten:

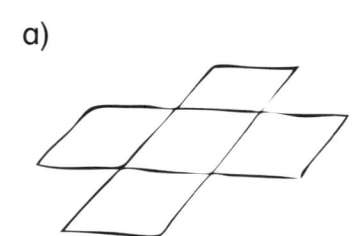

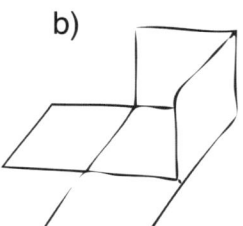

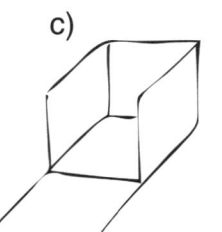

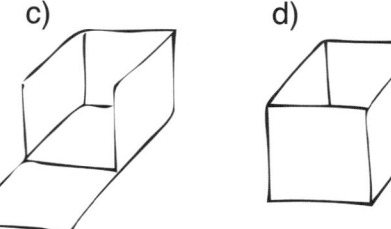

a)   b)   c)   d)

Male bei a) jeweils die zwei Kanten, die beim Falten zusammenstoßen, mit gleicher Farbe an.

② a) Aus welchen Fünflingen kannst du einen oben offenen Würfel falten? Male diese Fünflinge gelb an.

b) Wie hast du die Antwort gefunden? Schreibe ⬚b dazu, wenn du gebastelt hast. Schreibe ⬚n dazu, wenn du nachgedacht hast.

A   B   C   D
E   F   G   H
I   K   L   M

Betrachte die gelb angemalten Fünflinge bei Aufgabe 2. Welches Quadrat liegt bei der oben offenen Schachtel unten? Trage in die passende Fläche ⬚u für unten ein.

Knicke zuerst den Streifen um.

Aufgabe 2
B ☺ C ☺ D ☺ H
I ☺ K ☺ L ☺ M

☆

u			B

	u	C

D		
	u	

H		
	u	

		I
	u	

K		
	u	

L	
	u

M	
	u

---

44   Silvia Regelein: Richtig Geometrie lernen – so klappt's! · 1./2. Klasse · Best.-Nr. 1023 · © Brigg Pädagogik Verlag GmbH, Augsburg

Name: _____   Datum: _____

Körperformen erkennen – Flächen von Würfel und Quader

① Was sieht aus wie ein … ? Verbinde jeden Gegenstand mit seiner Körperform.

Quader   Würfel   Kugel   Kegel   Zylinder   Prisma

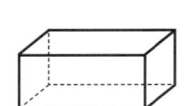

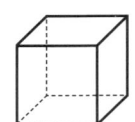

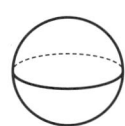

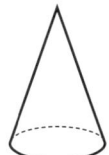

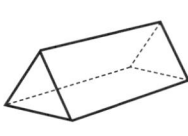

a) Ball   b) Paket   c) Spielwürfel   d) Hausdach   e) Kerze   f) Schultüte

② So kannst du einen Würfel und einen Quader mit Papier bekleben.
  a) Umfahre zuerst auf einem Blatt Papier alle Flächen eines Würfels und eines Quaders.
  b) Schneide die Flächen aus und lege gleich große Flächen aufeinander.
  c) Ergänze die Merksätze und schreibe sie in dein Heft.

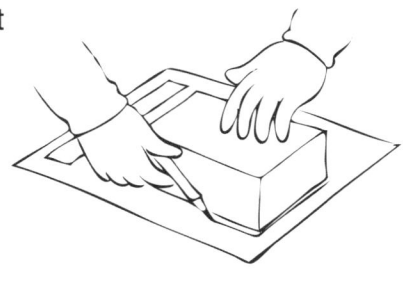

Ein Quader hat ………… Flächen. Alle ………… Flächen sind …………………………………… .

Je ………… gegenüberliegende Flächen sind …………………………………………………… .

Ein Würfel hat ………… Flächen. Ein Würfel ist ein besonderer Quader:

Alle ………… Flächen sind ………………………………………………… . Alle ………… Flächen

sind ……………………………………………… .

③ Aus wie vielen Würfeln wurden diese Quader gebaut?

a) …………   b) …………

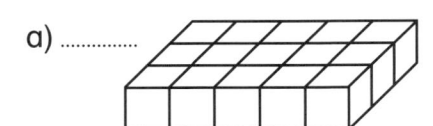

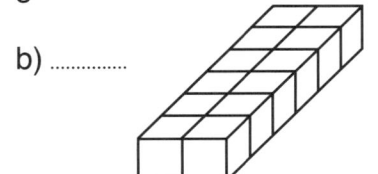

c) 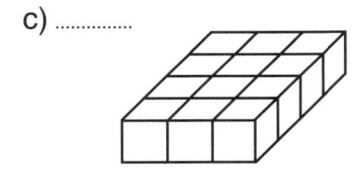 …………   d) …………

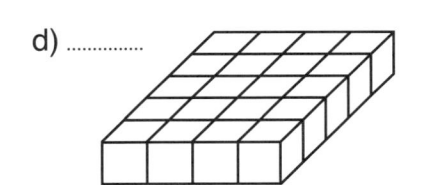

Knicke zuerst den Streifen um.

Welchen Gegenstand mit Quaderform magst du besonders?

……………………………

Aufgabe 1
a) Kugel
b) Quader
c) Würfel
d) Prisma
e) Zylinder
f) Kegel

Aufgabe 2
c) **Quader**
6 ☺ 6 ☺
Rechtecke ☺
2 ☺ gleich groß

Würfel
6 ☺ 6 ☺
gleich groß ☺ 6 ☺
Quadrate

Aufgabe 3
a) 15
b) 12
c) 12
d) 20

Name: _____ Datum: _____

Körperformen untersuchen

① Schreibe die richtigen Wörter zu den Pfeilen.

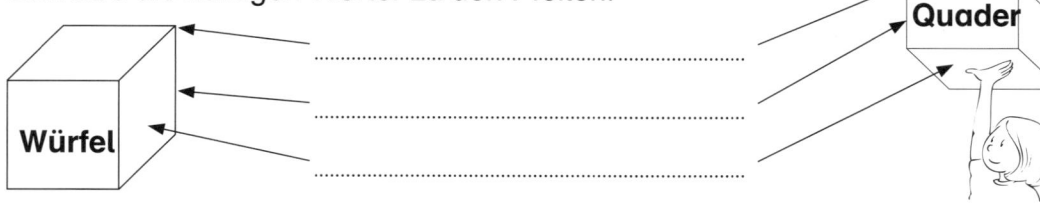

Würfel ← .... → **Quader**

② Male bei den beiden Bildern von Aufgabe 1 an jede Ecke einen roten Punkt. Wie viele Ecken kannst du sehen? Wie viele Ecken hat ein Würfel insgesamt? Wie viele hat ein Quader?

.... Ecken beim Würfel im Bild	.... Ecken beim Quader im Bild
.... Ecken beim Würfel insgesamt	.... Ecken beim Quader insgesamt

③ Fahre alle Kanten grün nach. Wie viele Kanten kannst du sehen?

.... Kanten beim Würfel im Bild	.... Kanten beim Quader im Bild
.... Kanten beim Würfel insgesamt	.... Kanten beim Quader insgesamt

④ Male alle Flächen leicht blau an. Wie viele Flächen kannst du sehen?

.... Flächen beim Würfel im Bild	.... Flächen beim Quader im Bild
.... Flächen beim Würfel insgesamt	.... Flächen beim Quader insgesamt

⑤ Ergänze.

Beim Würfel und Quader	Eine Kugel hat
stoßen an einer Kante .... Flächen zusammen.	.... Ecken
An einer Ecke stoßen .... Kanten zusammen.	.... Kanten
Jede Fläche wird von .... Kanten begrenzt.	.... Flächen
Jede Fläche hat .... Ecken.	

☆ Ergänze.

a) Wenn ich zwei Würfel nebeneinanderlege, erhalte ich einen	b) Aus vier kleinen Würfeln kann ich einen .... oder einen .... bauen.

Knicke zuerst den Streifen um.

Welchen Gegenstand mit Kugelform magst du besonders?

....

Aufgabe 1
Ecke
Kante
Fläche

Aufgabe 2

7	7
8	8

Aufgabe 3

9	9
12	12

Aufgabe 4

3	3
6	6

Aufgabe 5

Würfel Quader	Kugel
2	0
3	0
4	0
4	

☆
a) Quader
b) Quader, Würfel

Name: _____ Datum: _____

Kantenmodell von Würfel und Quader

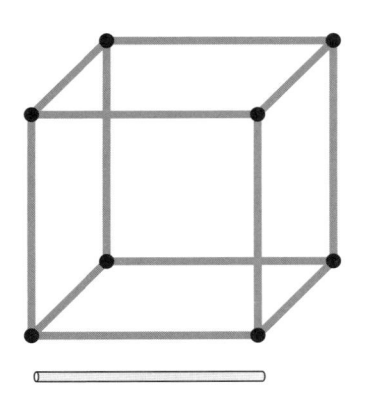

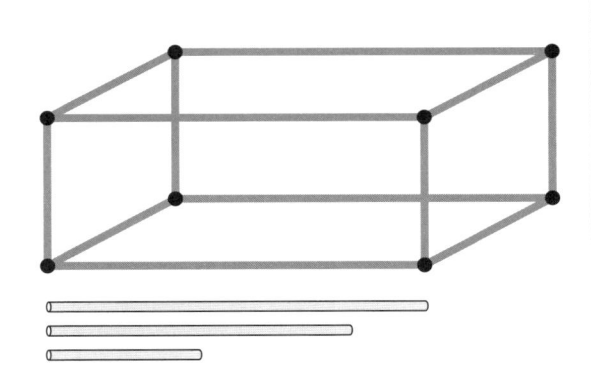

Florina und Balduin wollen diese Körper aus Knetkugeln und Strohhalmen bauen.

① Florina will einen Würfel bauen. Einen Halm hat sie schon zugeschnitten. Welche Teile braucht sie insgesamt für den Würfel? Male sie rot an.

② Balduin will einen Quader bauen. Drei Halme hat er schon zugeschnitten. Welche Teile braucht er insgesamt für den Quader? Male seine Knetkugeln blau an und gleich lange Halme jeweils blau, grün und lila.

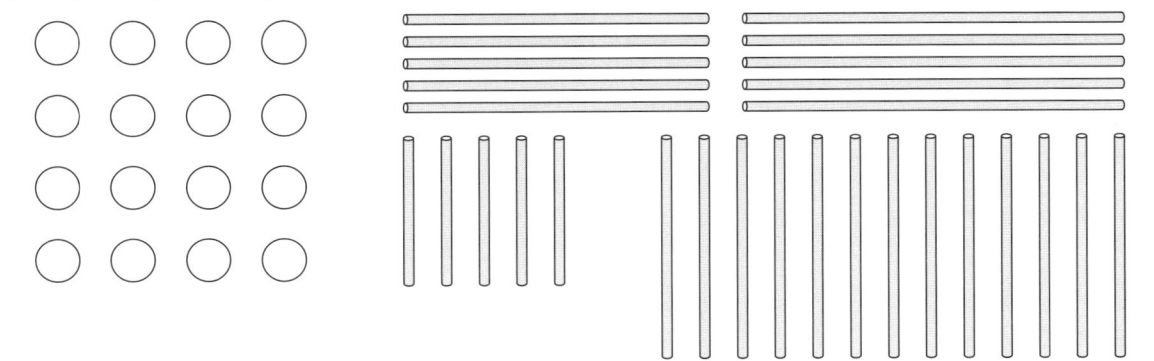

③ Wie lange sind Florinas Halme alle zusammen?

④ Wie lange sind Balduins Halme alle zusammen?

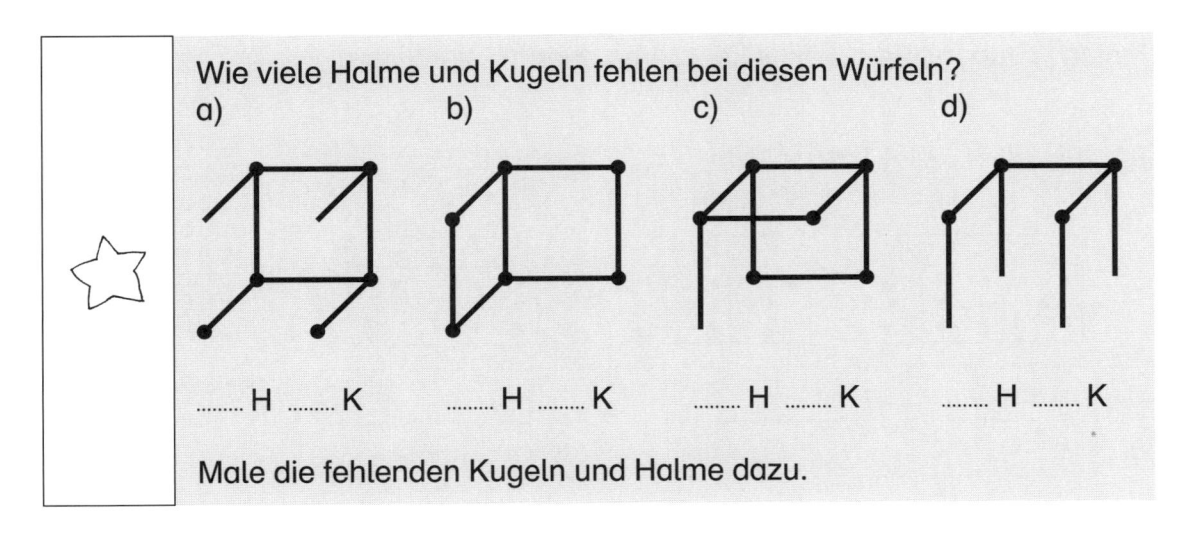

Wie viele Halme und Kugeln fehlen bei diesen Würfeln?
a)   b)   c)   d)

.... H .... K   .... H .... K   .... H .... K   .... H .... K

Male die fehlenden Kugeln und Halme dazu.

Knicke zuerst den Streifen um.

Du kannst zum Nachbauen auch Schaschlikstäbe und Zahnstocher verwenden. Zum Kürzen brauchst du dann allerdings eine Zange.

Aufgabe 1
8 Knetkugeln rot

12 Halme rot
3 cm lang

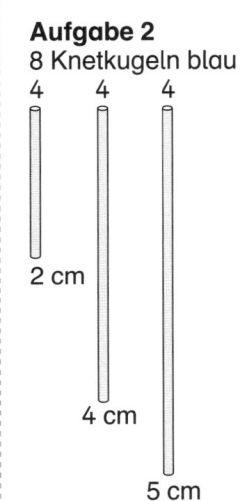

Aufgabe 2
8 Knetkugeln blau
4 4 4

2 cm

4 cm

5 cm
Ein Halm von jeder Länge bleibt übrig.

Aufgabe 3
12 · 3 cm = 36 cm

Aufgabe 4
4 · 2 cm + 4 · 4 cm + 4 · 5 cm =
8 cm + 16 cm + 20 cm = 44 cm

☆
a) 4 H 2 K
b) 5 H 2 K
c) 4 H 2 K
d) 5 H 4 K

Silvia Regelein: Richtig Geometrie lernen – so klappt's! · 1./2. Klasse · Best.-Nr. 1023 · © Brigg Pädagogik Verlag GmbH, Augsburg

Name: _____ Datum: _____

Ein Spielwürfel und seine Ansichten (1)

① Lege einen Spielwürfel so vor dich.
  Wer sieht welche Zahl?
  Verbinde mit verschiedenen Farben.

von unten
von links
von hinten
von vorn
von rechts
von oben

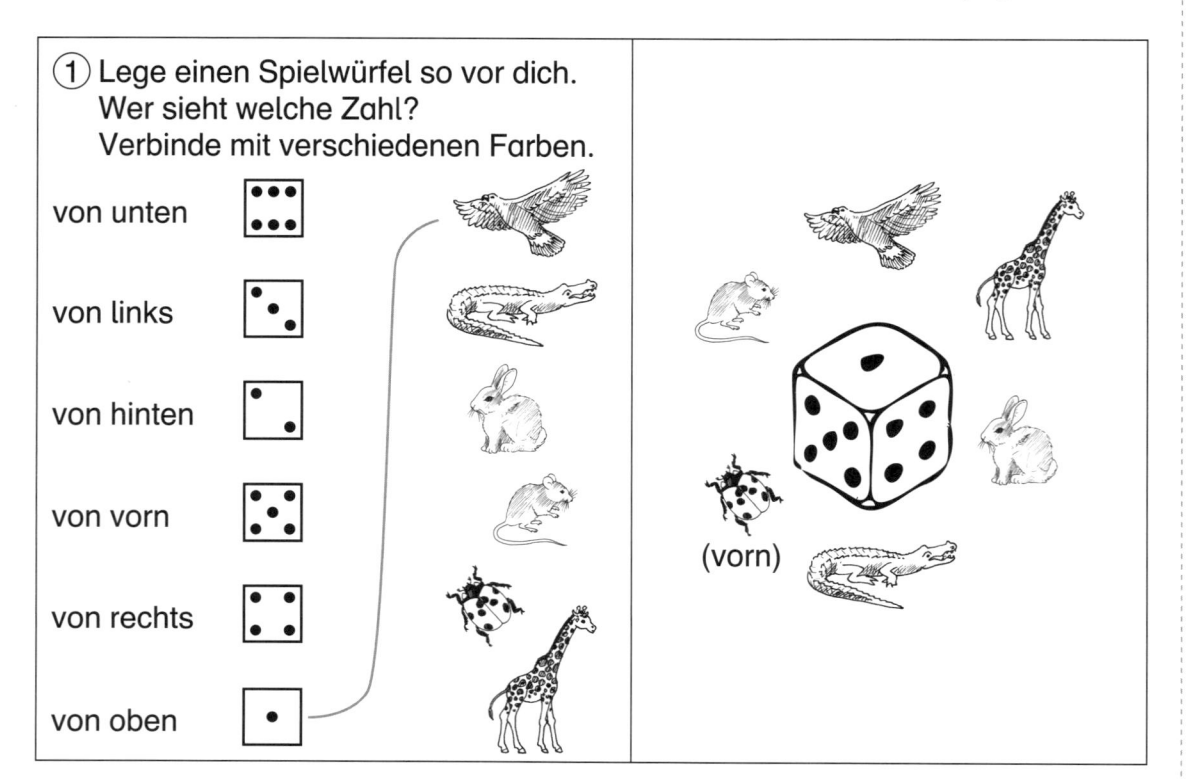

(vorn)

② Ergänze den Merksatz.

Auf zwei gegenüberliegenden Seiten sind zusammen immer .... Punkte.

Je nach Standort ist die Ansicht ....

③ Lege einen Spielwürfel so vor dich.
  Welche Zahlen siehst du?
  Male die Punkte auf jede Fläche.

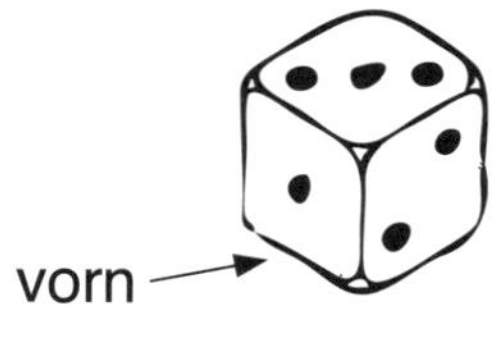

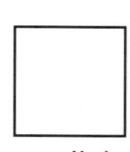

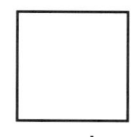

vorn

von vorn   von hinten   von rechts   von links   von oben   von unten

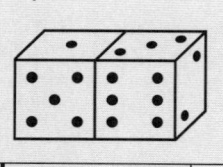

Rechne im Kopf und ergänze die Tabelle.

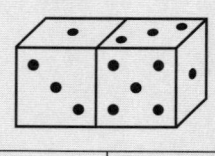

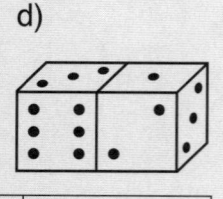

a)   b)   c)   d)

sichtbar	a) 15	b)	c)	d)
unsichtbar	21 – 15 =			

Knicke zuerst den Streifen um.

Wie viele Punkte sind insgesamt auf jedem Spielwürfel?

....

Aufgabe 1

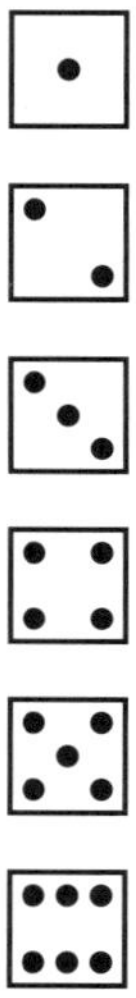

• Vogel
Giraffe
Maus
Kaninchen
Käfer
Krokodil

Aufgabe 2
7 ☺ verschieden

Aufgabe 3

1	6	2
v	h	r

5	3	4
l	o	u

☆

a)	b)*	c)	d)
15	17	13	15
6	25	29	27

* 42 – 17 = 25

Spielwürfel: 21

Name: _____ Datum: _____

Ein Spielwürfel und seine Ansichten (2)

① Trage ein.

	vorn	hinten	oben	unten	rechts	links
a)						
b)						
c)						
d)						

② Male die passenden Würfelhälften mit gleicher Farbe leicht an.

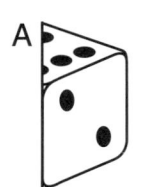

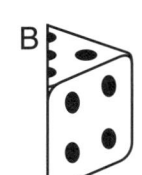

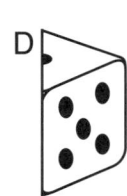

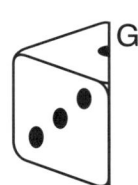

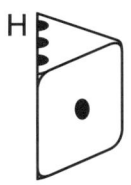

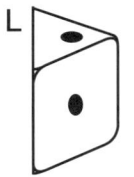

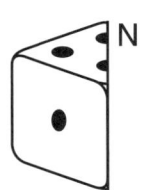

A B C D

E F G H

I K L M

N O P Q

Silvia Regelein: Richtig Geometrie lernen – so klappt's! 1./2. Klasse · Best.-Nr. 1023 · © Brigg Pädagogik Verlag GmbH, Augsburg

---

Knicke zuerst den Streifen um.

Ein Kind geht vor zwei Kindern. Ein Kind geht zwischen zwei Kindern. Ein Kind geht hinter zwei Kindern. Wie viele Kinder sind das?

....

Aufgabe 1

a) 5	2	1	6	4	3
b) 1	6	5	2	3	4
c) 1	6	2	5	4	3
d) 6	1	2	5	3	4

Aufgabe 2

A P
B Q
C H
D G
E L
F I
K M
N O

Kinder: 3

☺ ☺ ☺
vor   hinter
  zwischen

49

Name: _____ Datum: _____

Ein Würfel und seine Ansichten

① Wer sieht die Würfelfläche so? Schreibe das Tier dazu.

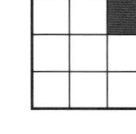

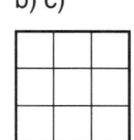

a)

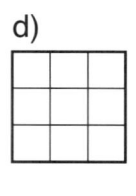

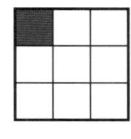

b) Vogel

c) ....

d) ....

e) ....

....

② Wo siehst du den schwarzen Würfel? Zeichne ihn ein.

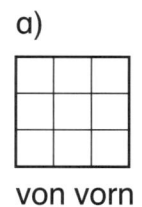

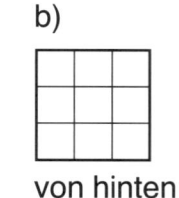

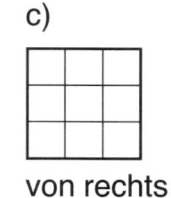

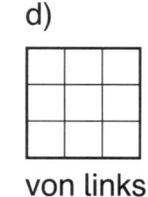

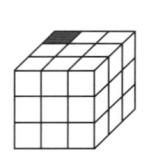

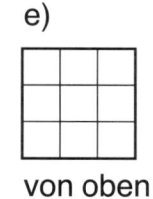

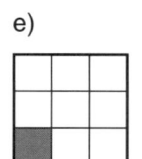

a) von vorn   b) von hinten   c) von rechts   d) von links   e) von oben

③ Wo siehst du die schwarzen Würfel? Zeichne sie ein.

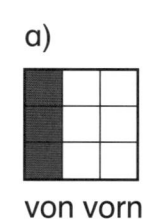

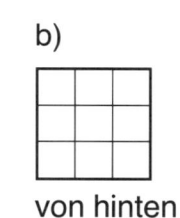

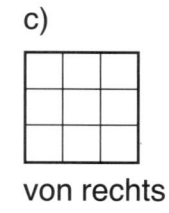

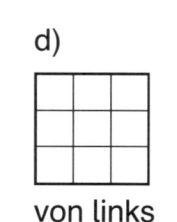

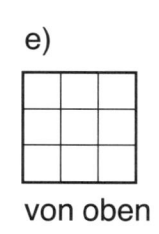

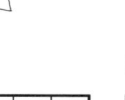

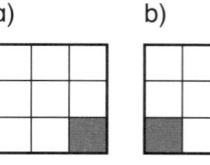

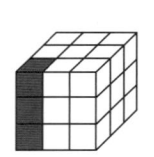

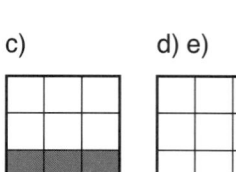

a) von vorn   b) von hinten   c) von rechts   d) von links   e) von oben

☆ Wo siehst du die schwarzen Würfel? Zeichne sie ein.

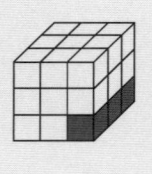

a) von vorn   b) von hinten   c) von rechts   d) von links   e) von oben

---

Knicke zuerst den Streifen um.

Aufgabe 1
b) Käfer
c) Hase
d), e) Hund, Fuchs

Aufgabe 2
a) c)   b)

d) e)

Aufgabe 3
b) c)   d)

e)

☆
a)   b)

c)   d) e)

---

50   Silvia Regelein: Richtig Geometrie lernen – so klappt's! · 1./2. Klasse · Best.-Nr. 1023 · © Brigg Pädagogik Verlag GmbH, Augsburg

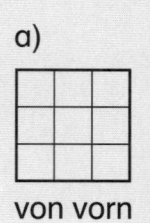

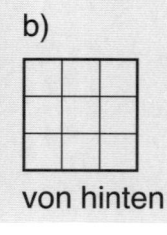

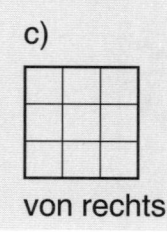

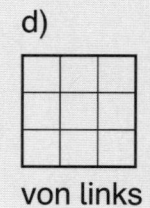

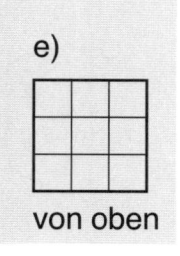

Name: _____   Datum: _____

Körper und ihre Ansichten

① Schreibe zu jeder Ansicht richtig dazu.

	A	B
	von vorn	....
	C	D
	....	....

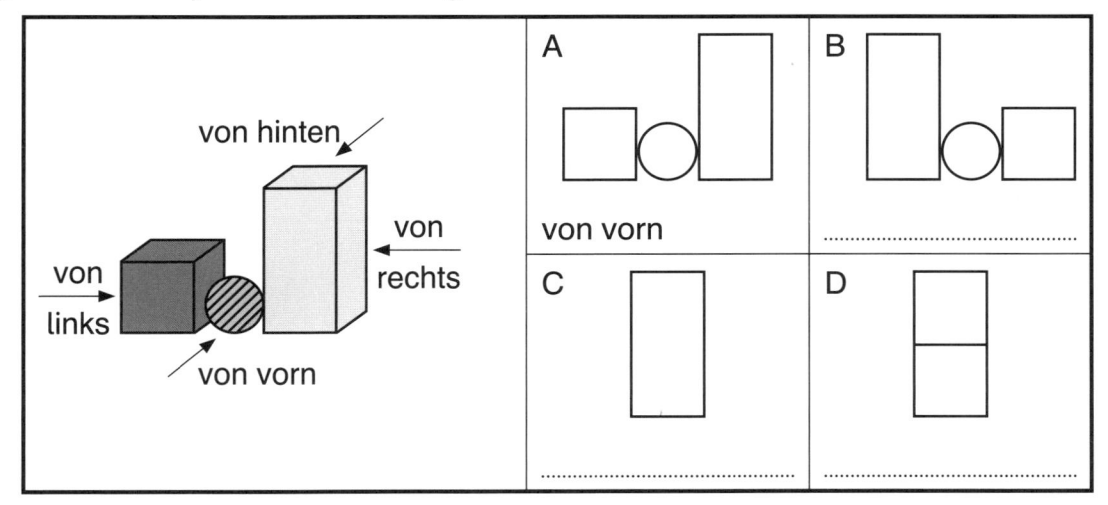

② Schreibe zu jeder Ansicht richtig dazu.

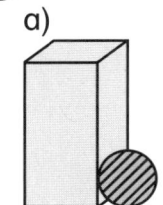

a)   A   B   C   D

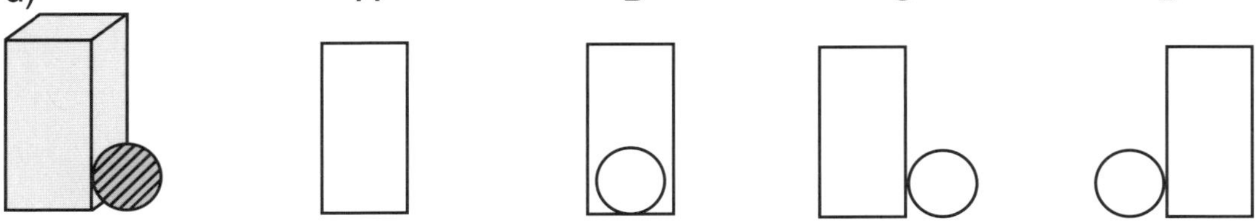

b)   A   B   C   D

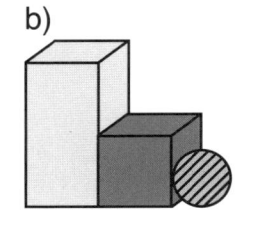

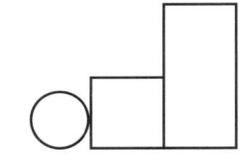

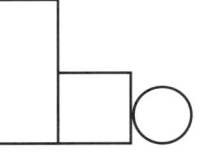

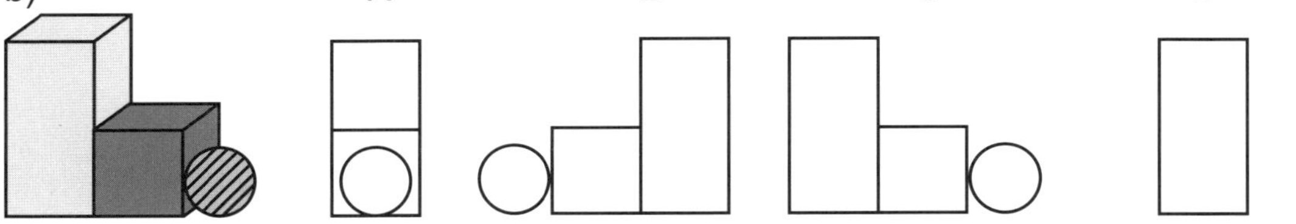

c)   A   B   C   D

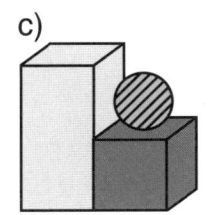

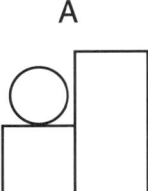

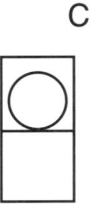

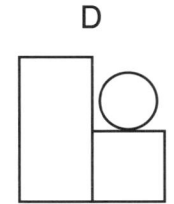

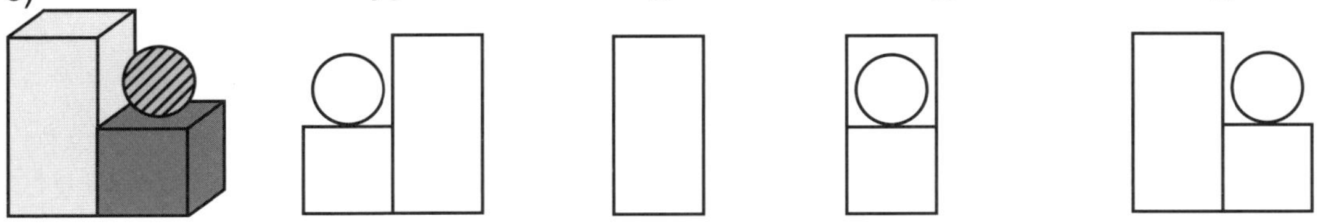

☆ Du kannst eine Kugel, einen Würfel und einen wie oben im Bild stehenden Quader auf mehrere Art nebeneinander, aufeinander und hintereinander stellen. Baue und zeichne die Ansichten von vorn.

Wie viele Möglichkeiten gibt es? ....

Knicke zuerst den Streifen um.

Aufgabe 1
B von hinten
C von rechts
D von links

Aufgabe 2
a) A von links
   B von rechts
   C von vorn
   D von hinten
b) A von rechts
   B von hinten
   C von vorn
   D von links
c) A von hinten
   B von links
   C von rechts
   D von vorn

☆
Würfel und Quader können nicht auf der Kugel stehen.

6 Ansichten:
Die Körper liegen nebeneinander:
Q K W – Q W K –
W Q K – K Q W –
W K Q – K W Q

ebenso 6 Ansichten:
Die Körper liegen hintereinander.

Je 4 Ansichten:
K auf Q, W rechts –
W links – W hinten –
W vorn;
K auf W, Q rechts –
Q links – Q hinten –
Q vorn;
W auf Q, K rechts –
K links – K hinten –
K vorn;
Q auf W, K rechts –
K links – K hinten –
K vorn;

2 Ansichten: Die Körper liegen aufeinander:
K auf W auf Q;
K auf Q auf W
insgesamt:
6 + 6 + 4 · 4 + 2 = 30

Silvia Regelein: Richtig Geometrie lernen – so klappt's! · 1./2. Klasse · Best.-Nr. 1023 · © Brigg Pädagogik Verlag GmbH, Augsburg

Name: _____   Datum: _____

Quader aus Würfeln

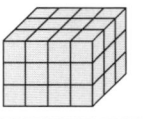

①

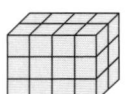

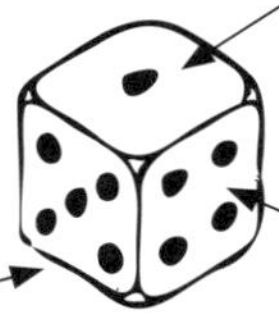

Deckfläche
Zahl 1

Grundfläche
Zahl ......

Seitenfläche
rechts:
Zahl 4

	Anzahl der Quadrate	
Deckfläche		
Grundfläche		
Seitenfläche vorn		
Seitenfläche rechts		

② a) Welche Grundfläche gehört zu jedem Quader?
   Schreibe den passenden Buchstaben in die Grundfläche.
b) Wie viele Würfel hat jeder Quader?

A ....   B ....   C ....

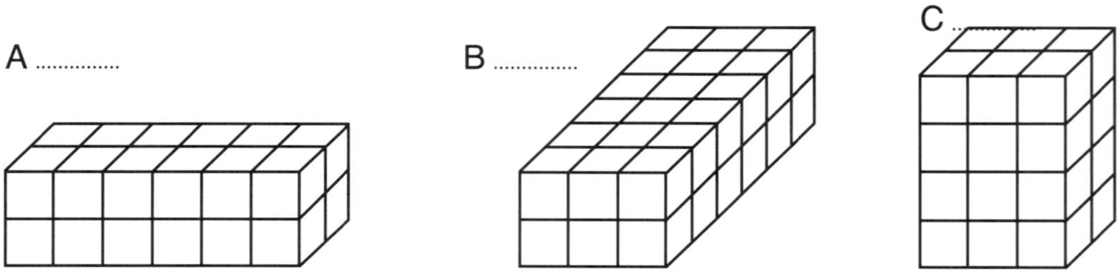

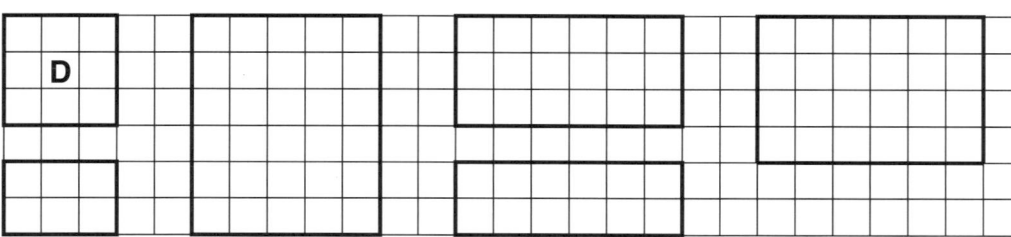

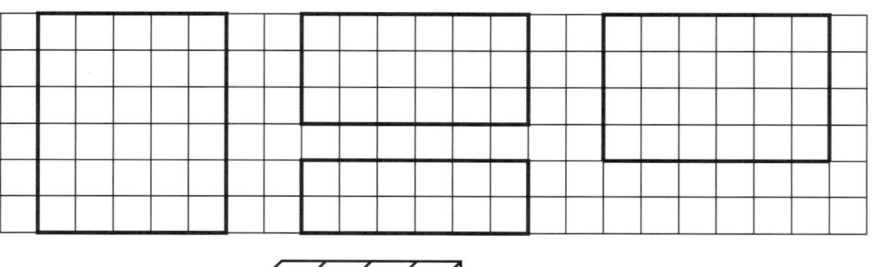

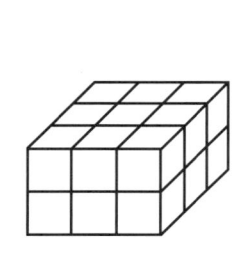

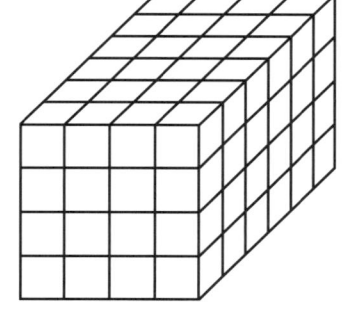

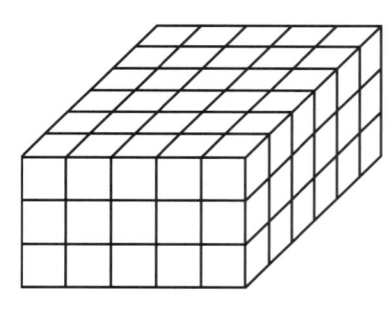

D ....   E ....   F ....

③ Welche rechte Seitenfläche gehört zu jedem Quader von Aufgabe 2?
   Schreibe den passenden Buchstaben in die rechte Seitenfläche.

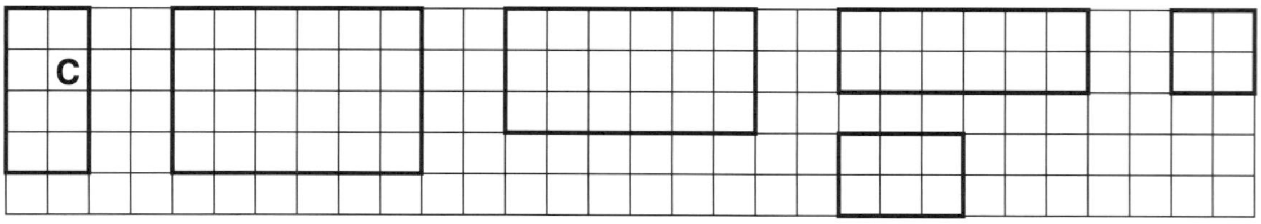

Knicke zuerst den Streifen um.

Wie hoch ist etwa die Tür deines Klassenzimmers?
etwa .... Meter

Aufgabe 1
Grundfläche
Zahl 6

D	12	8
G	12	8
S v	12	12
S r	9	6

Aufgabe 2
a)
D F B E

C   A

b)
A 24
B 36
C 24
D 18
E 96
F 90

Aufgabe 3

C E F B A

       D

Tür: 2

Würfelhäuser und ihre Ansichten

① Baue die Würfelhäuser nach.

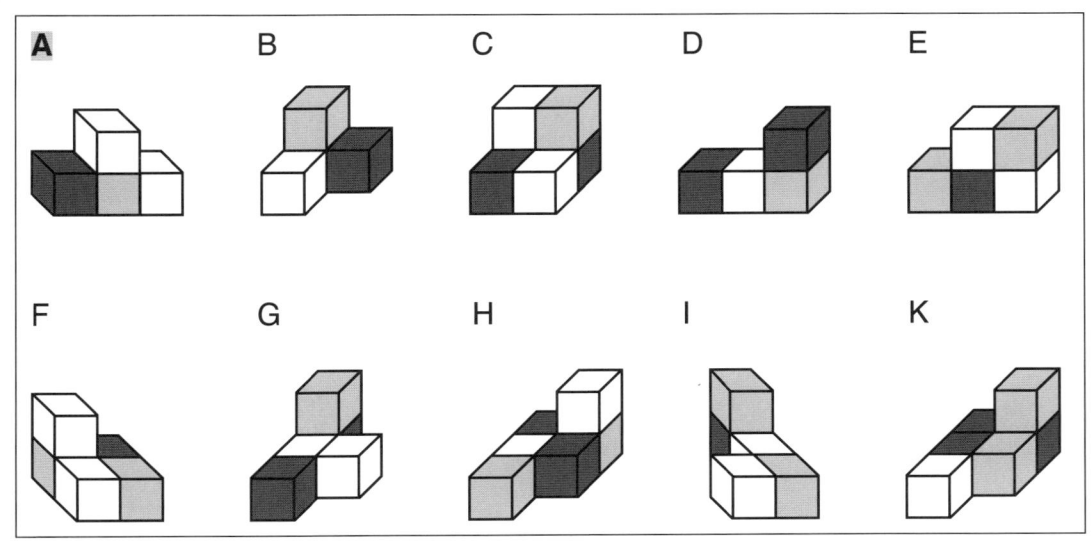

A B C D E

F G H I K

② Je zwei Würfelhäuser im oberen und unteren Kasten sind gleich.
Es sind nur verschiedene Ansichten. Schreibe zu jedem Würfelhaus den passenden Buchstaben von Aufgabe 1.

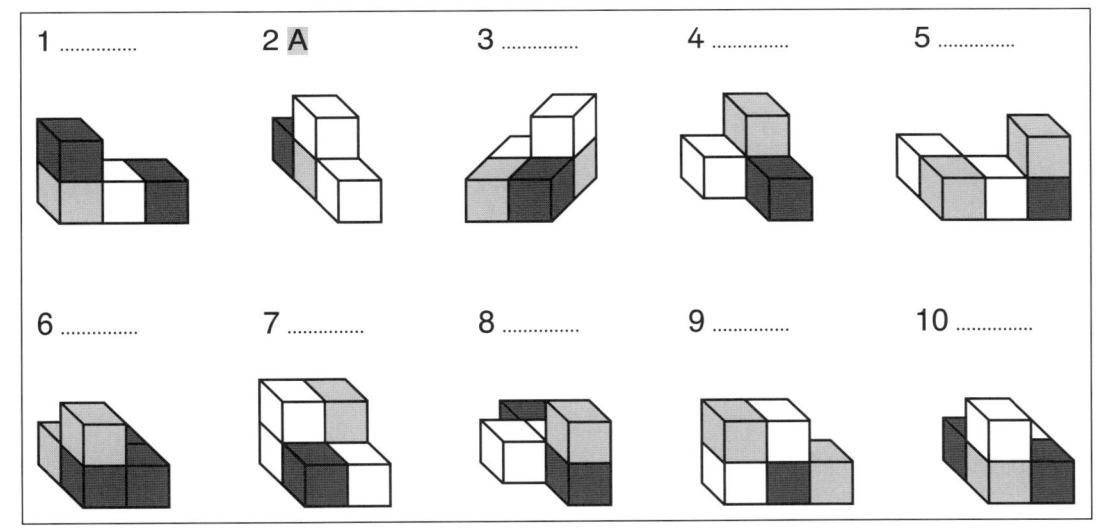

1 ...... 2 A 3 ...... 4 ...... 5 ......

6 ...... 7 ...... 8 ...... 9 ...... 10 ......

③ Aus jedem Würfelhaus von Aufgabe 1 soll ein Würfel werden.
Wie viele Würfel musst du bei jedem Würfelhaus mindestens dazulegen?
Wie viele kleine Würfel hat der Würfel dann?

	A	B	C	D	E	☆	F	G	H	I	K
Würfel dazu											
Würfel insgesamt											

Knicke zuerst den Streifen um.

Wie lang ist etwa dein Schülertisch?
1 Meter und
.... Zentimeter

Wie viele Schülertische könntest du längs an einer Wand im Klassenzimmer hintereinanderstellen?

....

Aufgabe 2
1 D
2 A
3 F
4 B
5 I
6 K
7 C
8 G
9 E
10 H

Aufgabe 3

A	B	C	D
23	4	2	23
27	8	8	27

☆

E	F	G
22	3	22
27	8	27

H	I	K
21	22	21
27	27	27

Schülertisch
Länge meist
1 m 20 cm.
Wenn das Klassenzimmer 9 m 60 cm lang ist, passen 8 Tische an die Wand.

Silvia Regelein: Richtig Geometrie lernen – so klappt's! · 1./2. Klasse · Best.-Nr. 1023 · © Brigg Pädagogik Verlag GmbH, Augsburg

Name: _____ Datum: _____

Würfelhäuser und ihre Baupläne

① Ergänze den Bauplan.

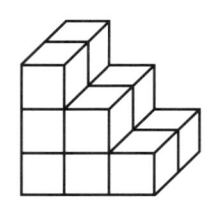

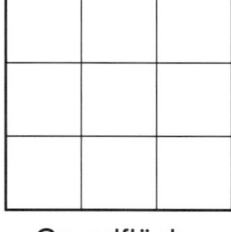

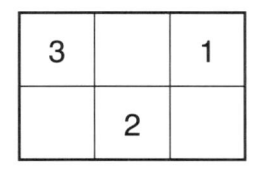

Würfelhaus   Grundfläche   Bauplan

3		1
	2	

② Ergänze den Merksatz.

Der Bauplan zeigt mir die .... und die .... jedes einzelnen Turms.

③ Schreibe zu jedem Bauplan den passenden Buchstaben.

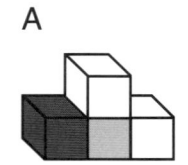

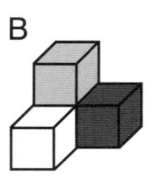

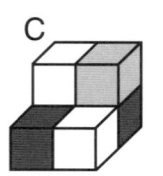

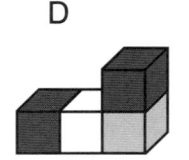

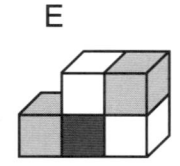

A   B   C   D   E

1 .... | 1 | 1 | 2 |

2 .... | 1 | 2 | 2 |

3 .... | 1 | 2 | 1 |

4 .... | 2 | 2 |
               | 1 | 1 |

5 .... | 2 | 1 |
               | 1 | |

④ Zeichne zu jedem Würfelhaus den Bauplan darunter.

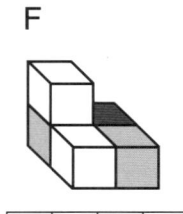

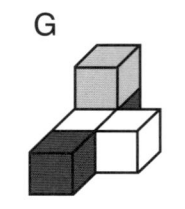

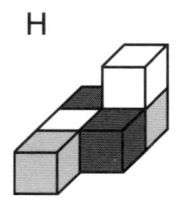

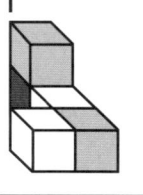

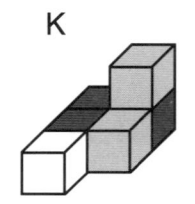

F   G   H   I   K

Wie viele verschiedene Würfelhäuser kannst du aus vier weißen Würfeln bauen? Schätze zuerst und kreuze an:

☐ 4   ☐ 10   ☐ zwischen 15 und 20   ☐ mehr als 20

Zeichne die Baupläne in dein Heft. Es sind ....

Knicke zuerst den Streifen um.

Aufgabe 1

3	2	1
3	2	1

Aufgabe 2
Grundfläche ☺ Höhe

Aufgabe 3
1 D ☺ 2 E
3 A ☺ 4 C
5 B

Aufgabe 4

F
| 2 | 1 |
| 1 | 1 |

2	G
1	1
1	

H
1	2
1	1
1	

I
2	
1	
1	1

K
1	2
1	1
	1

☆

18

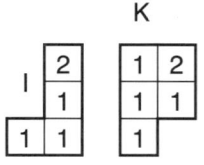

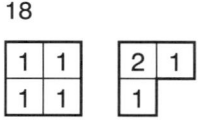

| 1 | 1 | | 2 | 1 |
| 1 | 1 | | 1 | |

| 1 | 2 | | 1 | 1 |
| 1 | | | 2 | |

| | | | 4 |
| 1 | 1 | 1 | 1 |

| 1 | 2 | 1 | | 2 | 2 |

| 2 | 1 | 1 | | 3 | 1 |

| 1 | 1 | 2 | | 1 | 3 |

| 2 | | | 1 | | 3 |
| 2 | | | 3 | | 1 |

1			1		2
2			1		1
1			2		1

Name: _____ Datum: _____

Spiegelbilder (2)

Bild 1     Bild 2 ist wie Bild 1.   Bild 1   Spiegelbild
         Kein Spiegelbild   Das Spiegelbild ist symmetrisch.

Manche Spiegelbilder sind falsch.
Prüfe mit dem Spiegel und kreuze richtige Spiegelbilder an.

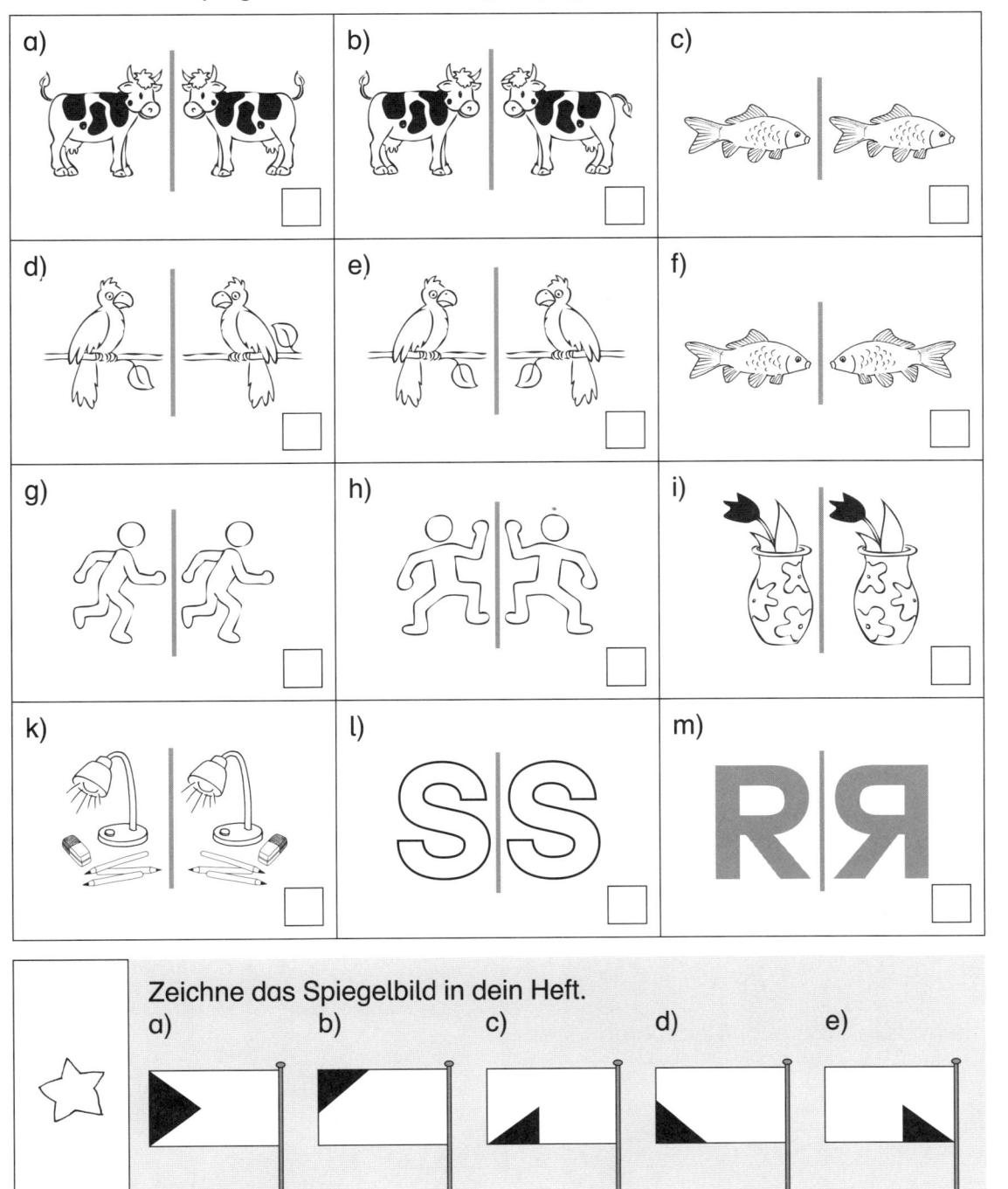

a) b) c)
d) e) f)
g) h) i)
k) l) m)

Zeichne das Spiegelbild in dein Heft.
a)   b)   c)   d)   e)

Knicke zuerst den Streifen um.

Im Rückspiegel sieht der Autofahrer das Spiegelbild der Auto-Nummer vom Auto hinter ihm.
Schreibe die Autonummer richtig auf.

....

Wie heißt eure Autonummer?

....

Spiegelbild:

....

Aufgabe
a) ☒
e) ☒
f) ☒
h) ☒
m) ☒

a) 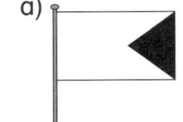
b) 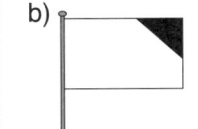
c) 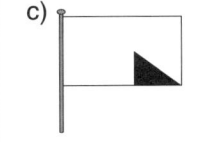
d) 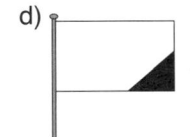
e)

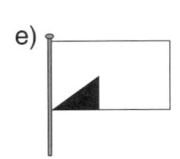

Silvia Regelein: Richtig Geometrie lernen – so klappt's! · 1./2. Klasse · Best.-Nr. 1023 · © Brigg Pädagogik Verlag GmbH, Augsburg

Name: _____   Datum: _____

Faltfiguren

Falte ein Blatt Papier und zeichne eine Figur an die Faltlinie. Schneide die Figur aus und klappe sie auf.
Welche Figur entsteht nach dem Auffalten? Verbinde mit verschiedenen Farben.

a)   b)   c)   d)   e)

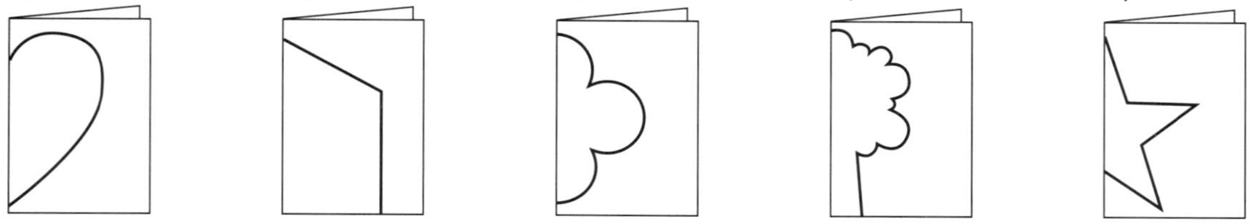

A)   B)   C)   D)   E)

F)   G)   H)   I)   K)

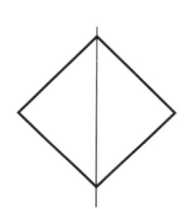

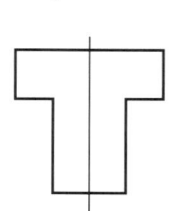

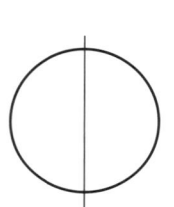

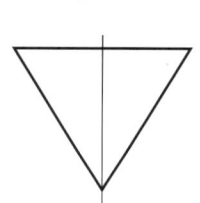

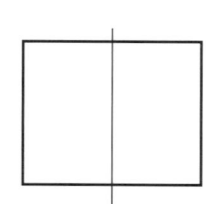

f)   g)   h)   i)   k)

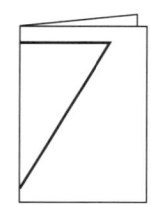

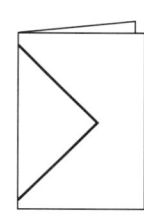

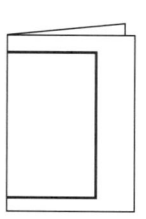

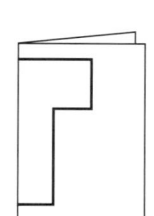

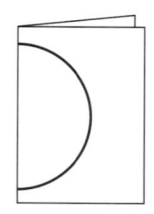

Zeichne die andere Spiegelbild-Hälfte daneben.

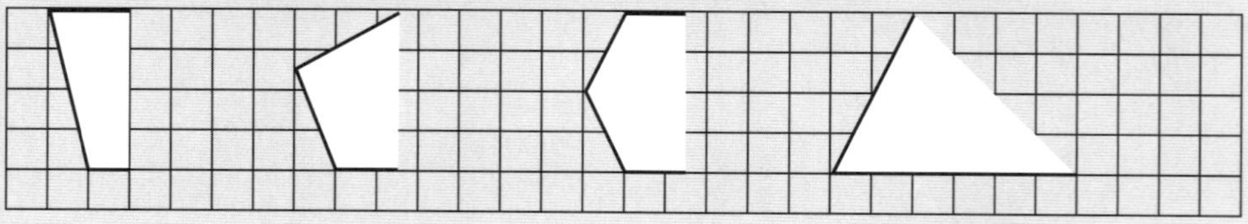

Knicke zuerst den Streifen um.

Ein Schmetterling ist symmetrisch. Zeichne die Faltlinie ein.

Aufgabe
a   C
b   D
c   E
d   A
e   B

f   I
g   F
h   K
i   G
k   H

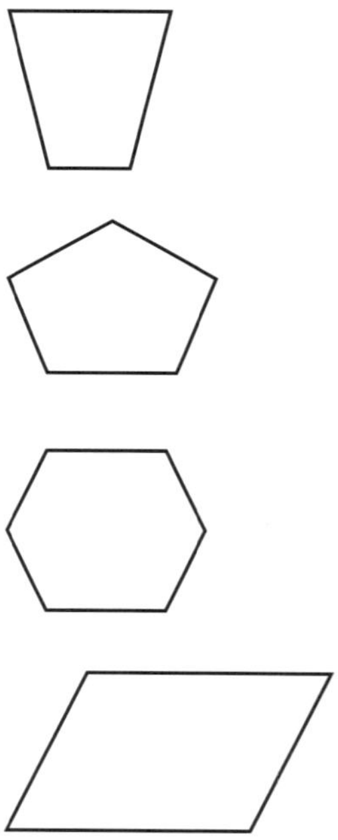

Name: _____   Datum: _____

Mit dem Spiegel forschen

① Wie musst du den Spiegel an den Einling stellen, damit du im Spiegel dieses Spiegelbild siehst? Zeichne den Spiegel als Strich ein.

Mit dem Spiegel wird aus dem Einling ein Zwilling.

Mit dem Spiegel werden aus dem Einling ....

> Der Strich, auf dem der Spiegel steht, ist die Spiegelachse oder Symmetrieachse.

② Wie kannst du aus einem Zwilling diese Spiegelbilder machen? Halte einen Spiegel an den Zweier und zeichne bei a), b) und c) die Spiegelachse ein.

Aus wird

a) ein Vierling   b) ein Drilling   c) ein Drilling   d) ein Einling

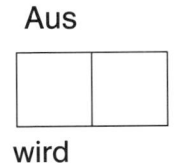

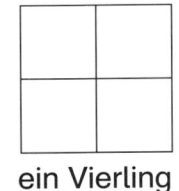

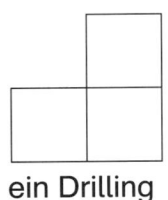

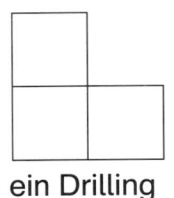

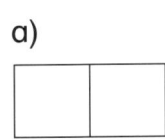

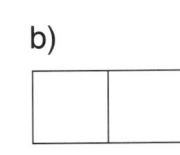

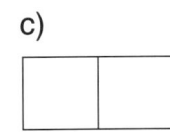

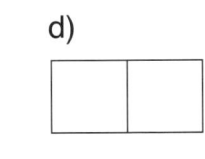

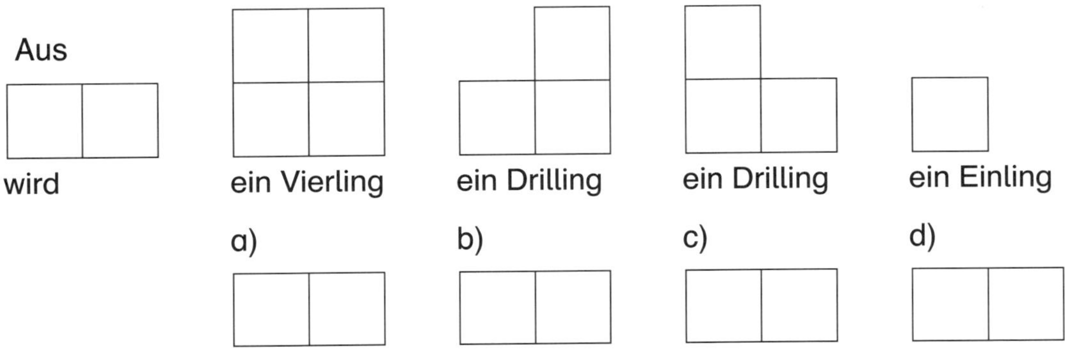

③ Wie kannst du aus einem Drilling diese Spiegelbilder machen? Halte einen Spiegel an den Drilling und zeichne bei a), b) und c) die Spiegelachse ein.

Aus wird

a) ein Vierling   b) ein Sechsling   c) ein Vierling

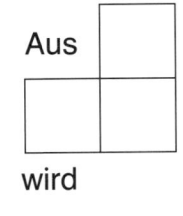

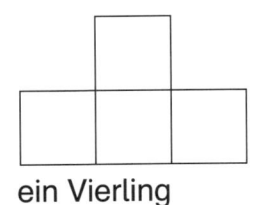

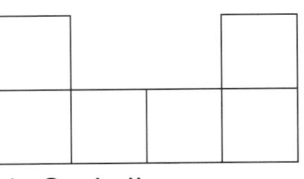

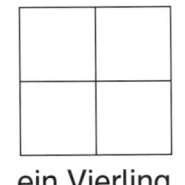

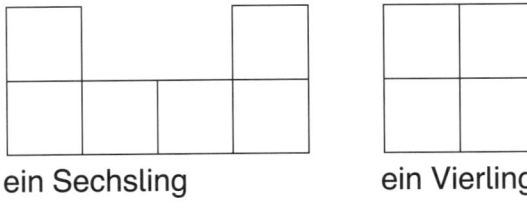

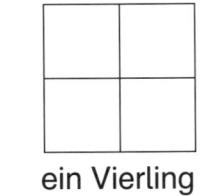

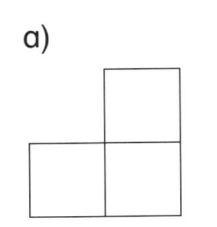

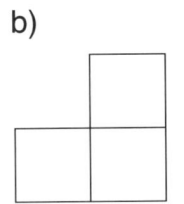

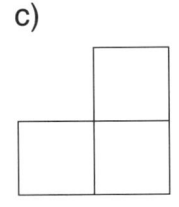

★ Zeichne Vierlinge und Fünflinge mit ihren Spiegelbildern in dein Heft.

Knicke zuerst den Streifen um.

Spiegel ohne Rahmen verwenden.

Aufgabe 1

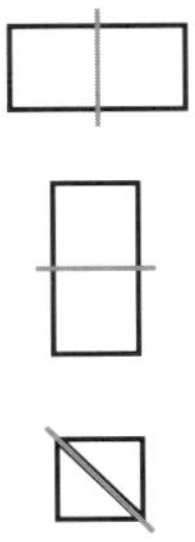

zwei Dreiecke

Aufgabe 2
a)
b)
c)
d)

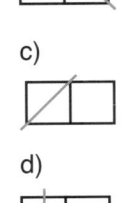

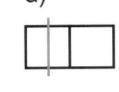

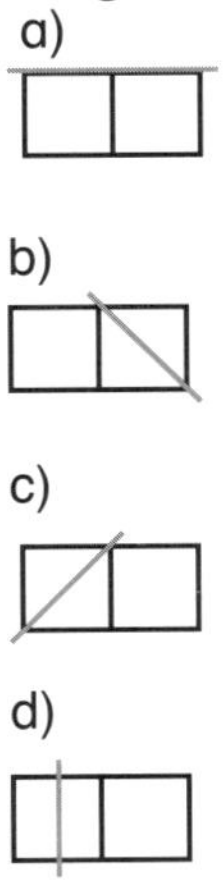

Aufgabe 3
a)
b)
c)

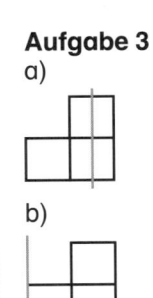

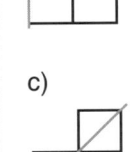

Name: _____ Datum: _____

Wege in der Schule

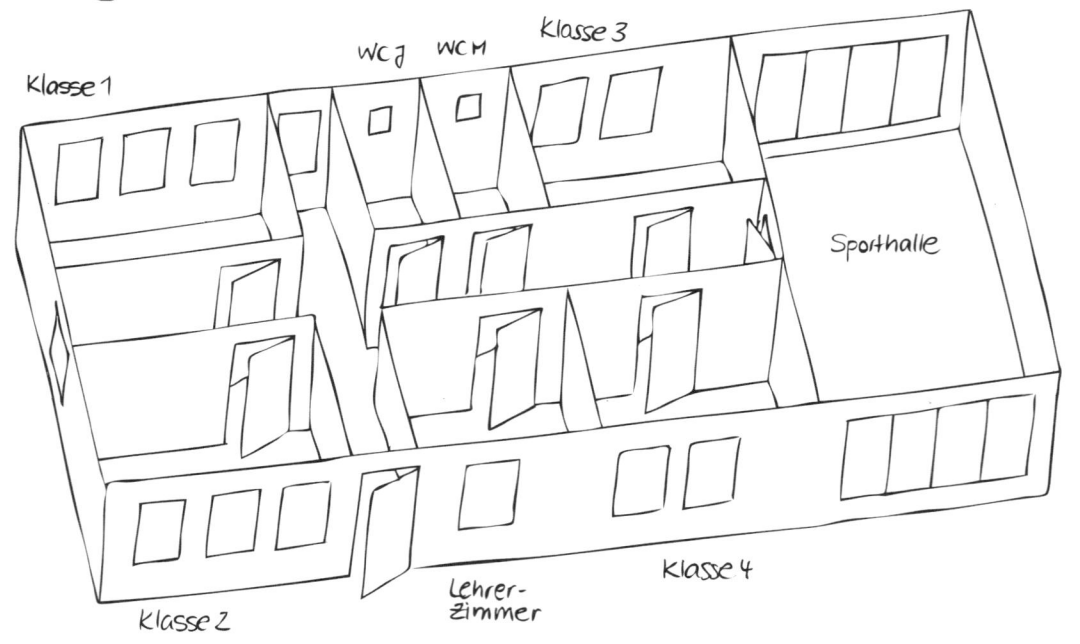

Klasse 1 *WC J* *WC M* *Klasse 3* *Sporthalle*
Klasse 2 *Lehrerzimmer* *Klasse 4*

Zeichne diese Wege mit verschiedenen Farben ein.
Schreibe auf, wohin die Kinder gehen.

① Florina geht durch den Eingang geradeaus, dann nach rechts zur letzten Tür. Sie will in die ....

② Balduin geht durch den Eingang geradeaus, dann nach links zur ersten Tür auf der rechten Seite. Er will ins Zimmer von ....

③ Su ist in Klasse 2. Sie geht aus dem Klassenzimmer heraus nach rechts und durch die zweite Tür links hinein. Sie will in das ....

④ Fee steht am Fenster zwischen Klasse 1 und 2. Sie geht durch die dritte Tür links hinein. Sie will ins Zimmer von ....

⑤ Konrad kommt von der Sporthalle und geht durch die dritte Tür rechts hinein. Er will in das ....

⑥ Benjamin geht aus Klasse 1 schräg über den Gang in das erste Zimmer. Er will ins ....

⑦ Fabian hat seinen Bruder in Klasse 1 gebracht und geht von dort zur zweiten Tür rechts. Er will ins Zimmer von ....

☆ Wie musst du in deiner Schule vom Eingang bis zu deinem Klassenzimmer gehen? Zeichne einen Plan.

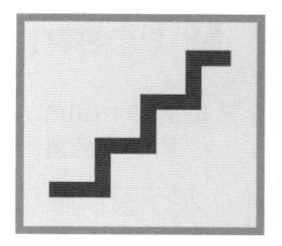

Knicke zuerst den Streifen um.

Wie viele **Stufen** musst du bis zu deinem Klassenzimmer hochsteigen?
....

Wie viele Treppen gibt es in deiner Schule?
....

Wie viele Stufen haben diese Treppen insgesamt?
....

Aufgabe 1
Sporthalle

Aufgabe 2
Klasse 1

Aufgabe 3
WC M

Aufgabe 4
Klasse 3

Aufgabe 5
WC J

Aufgabe 6
Lehrerzimmer

Aufgabe 7
Klasse 4

Name: _____ Datum: _____

Wege zur Burg

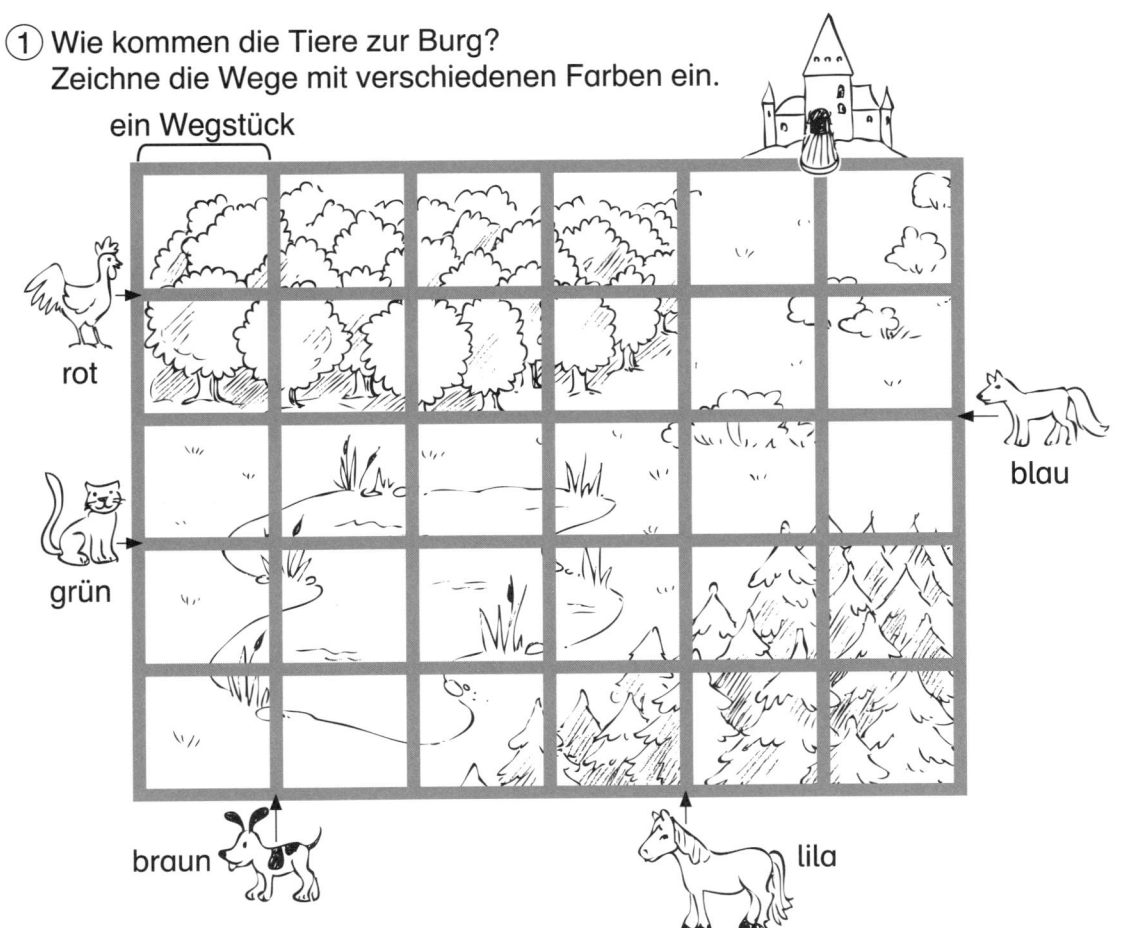

① Wie kommen die Tiere zur Burg?
  Zeichne die Wege mit verschiedenen Farben ein.

  ein Wegstück

  rot
  grün
  braun
  blau
  lila

  ❗ Drehe das Blatt in Laufrichtung mit.

a) Hund ↑ ↑ → → → → → ↑ ↑ ↑ ←
   Er braucht .... Wegstücke.

b) Pferd ↑ ← ← ← ← ↑ ↑ → → → → → ↑ ↑
   Er braucht .... Wegstücke.

c) Fuchs ← ← ↑ ↑ →   Er braucht .... Wegstücke.

d) Hahn → ↑ → → → →   Er braucht .... Wegstücke.

e) Die Katze biegt an der 1. Kreuzung nach links ab. Sie läuft zwei Wegstücke
   weiter und biegt dann nach rechts ab. Nach vier Wegstücken biegt sie nach
   links ab.

   Sie braucht .... Wegstücke.

② Wer kommt zuerst zur Burg? .... Wer ist letzter? ....

⭐ Zeichne den Plan ab und zeichne für jedes Tier den kürzesten Weg
   ein, der leicht zu erklären ist.

Knicke zuerst den Streifen um.

Aufgabe 1

a) 1 1

b) 1 4

c) 5

d) 6

e) 8

Aufgabe 2
Fuchs, Pferd

⭐
Beispiele:
a)
b)
c)
d)
e)

Name: _____ Datum: _____

Ich bin fit für die 3. Klasse

① Wie heißen diese Flächenformen und Körperformen?
A   B   C   D   E

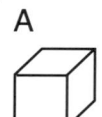

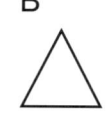

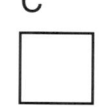

② Welche Form kannst du an diesen Dingen entdecken?
   a) Buch   b) Fußball   c) Lineal   d) ein Tafelflügel   e) Teller

③ Male zu den Körperformen bei Aufgabe 1 und 2 einen roten Punkt.

④ Was stimmt? Kreuze an.
   a) Jedes Dreieck hat drei Ecken.   ja ☐   nein ☐
   b) Jedes Dreieck hat drei gleich lange Seiten. ja ☐   nein ☐
   c) Jedes Rechteck ist ein Viereck.   ja ☐   nein ☐
   d) Jedes Viereck ist ein Quadrat.   ja ☐   nein ☐
   e) Jeder Kreis hat einen Mittelpunkt.   ja ☐   nein ☐

⑤ Welche Form entsteht?
   a) Stell dir einen Kreis vor und falte ihn zur Hälfte. Es entsteht ein ....
   b) Stell dir ein Quadrat vor und falte es an der Mittellinie. Es entsteht ein ....
   c) Stell dir ein Rechteck vor und falte die Ecke links unten auf die Ecke rechts oben. Es entsteht ein ....

⑥ Wie geht es weiter? Zeichne Bild 6.
   Wie viele Kästchen hat Bild 6? ....

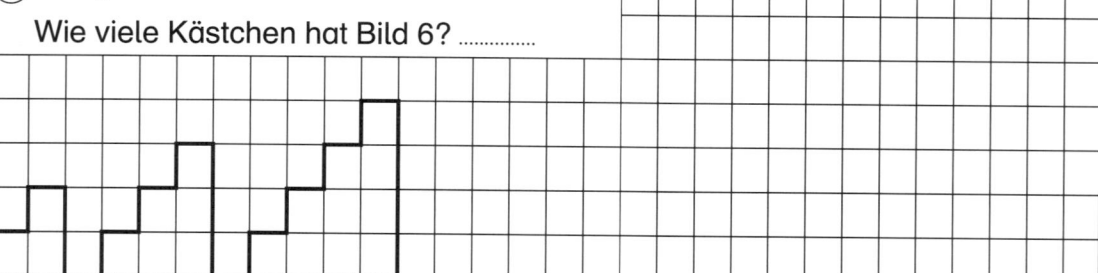

☆ a) Welche Linie teilt ein Quadrat in zwei gleich große Rechtecke?
   b) Welche Linie teilt ein Quadrat in zwei gleich große Dreiecke?

Knicke zuerst den Streifen um.

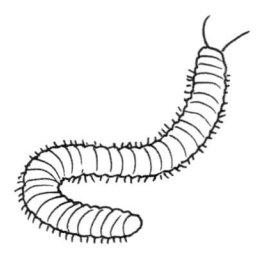

Aufgabe 1
A Würfel
B Dreieck
C Quadrat
D Quader
E Rechteck

Aufgabe 2
a) Quader
b) Kugel
c) Rechteck
d) Quadrat
e) Kreis

Aufgabe 3
roter Punkt
1 A ☺ 1 D
2 a ☺ 2 b

Aufgabe 4
a) ja
b) nein
c) ja
d) nein
e) ja

Aufgabe 5
a) Halbkreis
b) Rechteck
c) Fünfeck

Aufgabe 6

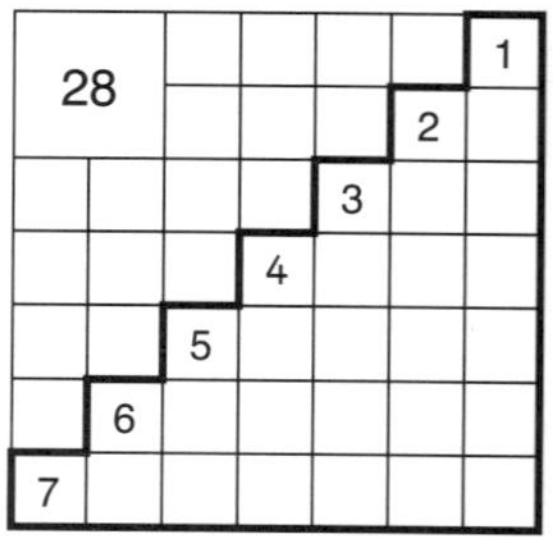

28				1
			2	
		3		
	4			
5				
6				
7				

☆
a) Mittellinie
b) Diagonale oder Ecklinie

Besser mit Brigg Pädagogik!

Vielfältige Kopiervorlagen für Ihren Mathematikunterricht!

Silvia Regelein

Richtig Geometrie lernen – so klappt's!

Arbeitsblätter für ein gezieltes Geometrietraining mit Selbstkontrolle

3./4. Klasse

80 S., DIN A4,
Kopiervorlagen mit Lösungen
Best.-Nr. 842

Diese Bände umfassen **alle wichtigen Geometriethemen** aus dem Bereich „Raum und Form" der 3./4. Klasse und fördern die geometrischen Fähigkeiten. Bestens geeignet für **selbstständiges und eigenverantwortliches Arbeiten**. Jedes Aufgabenblatt enthält am Seitenrand einen **Streifen zum Umklappen** mit übersichtlichen und schnell auffindbaren Lösungen.

Bernd Wehren

Der Zeichengeräte-Führerschein

Übungsmaterial zu Lineal, Geodreieck und Zirkel

3./4. Klasse

72 S., DIN A4,
Kopiervorlagen mit Lösungen,
32 Zeichengeräte-Führerscheine
Best.-Nr. 547

Klassensatz farbiger Zeichengeräte-Führerscheine

8 Bögen mit je 4 Führerscheinen
Best.-Nr. 548

Die **spielerischen Zeichenübungen** und **konkreten Aufgaben** des Bandes zum Umgang mit Lineal, Zirkel und Geodreieck lassen Ihre Schüler/-innen immer sicherer in der Handhabung mit den Zeichengeräten werden.

Silvia Regelein

Richtig rechnen lernen – so klappt's!

Arbeitsblätter für ein gezieltes Rechentraining mit Selbstkontrolle

3. Klasse

120 S., DIN A4,
Kopiervorlagen mit Lösungen
Best.-Nr. 739

4. Klasse

120 S., DIN A4,
Kopiervorlagen mit Lösungen
Best.-Nr. 841

Diese Übungsmaterialien umfassen alle wichtigen **Mathematikthemen der 3. und 4. Klasse und grundlegende Rechenstrategien** in sinnvoller Reihenfolge. Sie eignen sich besonders für selbstständiges und eigenverantwortliches Lernen – ohne die Kinder zu überfordern. Vielfältige Aufgabenstellungen, Zusatz- und Knobelaufgaben machen den Kindern Spaß und sichern eine nachhaltige Verankerung des Gelernten. Dank der **umklappbaren Lösungsstreifen am Seitenrand** können die Schüler zunächst alle Aufgaben ungestört ausführen und durch Aufklappen der Lösung schnell und unkompliziert überprüfen. Optimal geeignet für Freiarbeit, Wochenplan und den thematisch gebundenen Klassenunterricht.

Weitere Infos, Leseproben und Inhaltsverzeichnisse unter
www.brigg-paedagogik.de

Bestellcoupon

Ja, bitte senden Sie mir / uns mit Rechnung

_____ Expl. Best.-Nr. _____

_____ Expl. Best.-Nr. _____

_____ Expl. Best.-Nr. _____

_____ Expl. Best.-Nr. _____

Meine Anschrift lautet:

Name / Vorname

Straße

PLZ / Ort

E-Mail

Datum/Unterschrift   Telefon (für Rückfragen)

Bitte kopieren und einsenden/faxen an:

**Brigg Pädagogik Verlag GmbH
zu Hd. Herrn Franz-Josef Büchler
Zusamstr. 5
86165 Augsburg**

☐ Ja, bitte schicken Sie mir Ihren Gesamtkatalog zu.

Bequem bestellen per Telefon / Fax:
Tel.: 0821 / 45 54 94-17
Fax: 0821 / 45 54 94-19
Online: www.brigg-paedagogik.de

Besser mit Brigg Pädagogik!
Effektive Übungsmaterialien für Mathematik!

Armin Kuratle

Trainingskartei Kopfrechnen

Rechenaufgaben in drei Niveaustufen

ab Klasse 3

128 S., DIN A4,
Kopiervorlagen mit Lösungen
Best.-Nr. 824

Mit diesen **kopierfähigen Trainingskarteien** werden Sie dem Leistungsniveau jedes Schülers gerecht. Das Spektrum der Übungen reicht von einfachen Additions-, Subtraktions-, Multiplikations- und Divisionsaufgaben bis zu schwierigeren Rechenoperationen mit Platzhaltern, verschiedenen Maßeinheiten und auch Textaufgaben.

Jörg Krampe / Rolf Mittelmann

Abwechslungsreiche Rechenspiele für die 1. Klasse

40 Rechenspiele zu den wesentlichen Lerninhalten

88 S., DIN A4,
Kopiervorlagen mit Lösungen
Best.-Nr. 665

Jörg Krampe / Rolf Mittelmann

Abwechslungsreiche Rechenspiele für die 2. Klasse

40 Rechenspiele zu den wesentlichen Lerninhalten

88 S., DIN A4,
Kopiervorlagen mit Lösungen
Best.-Nr. 608

40 Rechenspiele mit besonderem Schwerpunkt auf der Zehnerüberschreitung! Die abwechslungsreichen Übungen sind lehrbuchunabhängig und sofort einsetzbar und eignen sich hervorragend bei innerer Differenzierung, im Förderunterricht, im Wochenplan und in der Freiarbeit. Durch das exakt gegliederte Inhaltsverzeichnis haben Sie das passende Arbeitsblatt zur Hand und sind auch für die Gestaltung von **Vertretungsstunden** bestens gerüstet!

Samuel Zwingli

Denksportaufgaben für helle Köpfe

ab Klasse 3

56 S., DIN A4,
Kopiervorlagen mit Lösungen
Best.-Nr. 313

Besonders begabte Kinder gezielt fördern! Mit diesen interessanten und anspruchsvollen Knobelaufgaben fordern und fördern Sie das logische Denken der Schüler/-innen. Das Heft enthält eine große Sammlung von Übungen zum räumlichen Vorstellungsvermögen und zum Spielen mit Zahlen. Toll auch als **Pausenfüller** oder als **Hausaufgabe** mit dem gewissen Etwas!

Weitere Infos, Leseproben und Inhaltsverzeichnisse unter
www.brigg-paedagogik.de

Bestellcoupon

Ja, bitte senden Sie mir / uns mit Rechnung

_____Expl. Best.-Nr. _____

_____Expl. Best.-Nr. _____

_____Expl. Best.-Nr. _____

_____Expl. Best.-Nr. _____

Meine Anschrift lautet:

Name / Vorname

Straße

PLZ / Ort

E-Mail

Datum/Unterschrift   Telefon (für Rückfragen)

Bitte kopieren und einsenden/faxen an:

**Brigg Pädagogik Verlag GmbH
zu Hd. Herrn Franz-Josef Büchler
Zusamstr. 5
86165 Augsburg**

☐ Ja, bitte schicken Sie mir Ihren Gesamtkatalog zu.

Bequem bestellen per Telefon / Fax:
Tel.: 0821 / 45 54 94-17
Fax: 0821 / 45 54 94-19
Online: www.brigg-paedagogik.de

Besser mit Brigg Pädagogik!
Abwechslungsreiche Unterrichtsmaterialien für den Deutschunterricht!

BRIGG Pädagogik VERLAG

Silvia Regelein

Richtig schreiben lernen – so klappt's!

Arbeitsblätter für ein gezieltes Rechtschreibtraining mit Selbstkontrolle

2. Klasse
104 S., DIN A4,
Kopiervorlagen mit Lösungen
Best.-Nr. 725

Aus dem Inhalt: Selbstlaute hören; Das ABC; Namenwörter (Nomen); Tunwörter (Verben); Wiewörter (Adjektive); Umlaute; Doppellaute; Wortfamilien; Wörter mit Dehnungs-h u. v. m.

3. Klasse
80 S., DIN A4,
Kopiervorlagen mit Lösungen
Best.-Nr. 583

Aus dem Inhalt: Namenwörter (Nomen); Tunwörter (Verben); Wiewörter (Adjektive); Wortstämme; Selbstlaute und Umlaute; Endsilben; Selbstlaute; Doppelmitlaute; Wortbausteine u. v. m.

4. Klasse
76 S., DIN A4,
Kopiervorlagen mit Lösungen
Best.-Nr. 650

Aus dem Inhalt: Lateinische Namen für Wörter; Wortbausteine bei Nomen, Verben und Adjektiven erkennen; Wortfamilien, Redezeichen; Wörter mit Doppelselbstlaut; Vergangenheitsformen u. v. m.

Diese Übungsmaterialien umfassen alle wichtigen rechtschriftlichen Lerninhalte des 2., 3. und 4. Schuljahres und **grundlegende Rechtschreibstrategien** in einer sinnvollen Reihenfolge. Sie eignen sich besonders für selbstständiges und eigenverantwortliches Arbeiten in Einzel- oder Partnerarbeit. Jedes Aufgabenblatt enthält am Seitenrand einen **Lösungsstreifen zum Umklappen**, mit dem die Kinder ihre gelösten Aufgaben schnell und einfach überprüfen können.

Silvia Regelein

Sprache untersuchen – so klappt's!

Arbeitsblätter für ein gezieltes Grammatiktraining mit Selbstkontrolle

1./2. Klasse
64 S., DIN A4,
Kopiervorlagen mit Lösungen
Best.-Nr. 1006

Anhand direkt einsetzbarer Arbeitsblätter werden in diesem neuen Band wichtige Kompetenzen der Bildungsstandards gezielt behandelt. Beim aktiven Handeln mit den Montessori-Symbolen „begreifen" die Kinder den Aufbau von Sätzen und prägen sich wichtige Grundlagen nachhaltig ein. Mit einem **übersichtlichen Lösungsstreifen** zum Umklappen und Selbstkontrollieren.

Bestellcoupon

Ja, bitte senden Sie mir / uns mit Rechnung

_____ Expl. Best.-Nr. _____

_____ Expl. Best.-Nr. _____

_____ Expl. Best.-Nr. _____

_____ Expl. Best.-Nr. _____

Meine Anschrift lautet:

Name / Vorname

Straße

PLZ / Ort

E-Mail

Datum/Unterschrift   Telefon (für Rückfragen)

Bitte kopieren und einsenden/faxen an:

**Brigg Pädagogik Verlag GmbH
zu Hd. Herrn Franz-Josef Büchler
Zusamstr. 5
86165 Augsburg**

☐ Ja, bitte schicken Sie mir Ihren Gesamtkatalog zu.

Bequem bestellen per Telefon / Fax:
Tel.: 0821 / 45 54 94-17
Fax: 0821 / 45 54 94-19
Online: www.brigg-paedagogik.de